AF451679

Lieutenant breveté BLIN

Préparation à l'Examen oral

DE

l'École supérieure de Guerre

Histoire de l'Organisation et de la Tactique des différentes armes (1789-1909)

PARIS

Henri CHARLES-LAVAUZELLE

Éditeur militaire

118, Boulevard Saint-Germain, Rue Danton, 10

(MÊME MAISON A LIMOGES)

PRÉPARATION A L'EXAMEN ORAL

DE

L'ÉCOLE SUPÉRIEURE DE GUERRE

Lieutenant breveté BLIN

PRÉPARATION A L'EXAMEN ORAL

DE

L'ÉCOLE SUPÉRIEURE DE GUERRE

Histoire de l'Organisation et de la Tactique

DES DIFFÉRENTES ARMES (1789-1909)

PARIS

Henri CHARLES-LAVAUZELLE

Éditeur militaire

10, Rue Danton, Boulevard Saint-Germain, 118

(MÊME MAISON A LIMOGES)

PRÉPARATION A L'EXAMEN ORAL

DE

L'ÉCOLE SUPÉRIEURE DE GUERRE

ARTILLERIE

Organisation de l'artillerie française de 1789 à 1909.

I

L'Artillerie avant la Révolution.

L'artillerie est l'arme dont le service fut à l'origine le plus compliqué et qui, depuis sa création, a subi d'incessantes transformations dans son personnel comme dans son matériel.

Sous Louis XIV, les pièces étaient amenées par des *charretiers civils*, dirigées par des *commissaires civils*, servies par des *canonniers appointés*, protégées par l'infanterie; en outre, *toute l'artillerie et son parc* réunis suivaient l'armée en *un seul groupe* réparti seulement en *brigades légères et lourdes*.

Louvois eut le mérite de la *création de l'arme*, en militarisant le personnel des *commissaires d'artille-*

rie, existant depuis longtemps et préposés en temps de paix au commandement des *circonscriptions d'artillerie* du royaume (le *grand maître de l'artillerie* était le chef de cette organisation, Bureau, Sully). En outre, il dota ce corps de troupes spéciales en créant *les régiments de Royal-Fusiliers* (pour l'artillerie de campagne) et de *Royal-Bombardiers* (pour l'artillerie de siège). Le royal-bombardiers était un véritable régiment d'artillerie ; le royal-fusiliers était chargé, comme mission générale, de la protection de l'artillerie de campagne.

Vallière, premier inspecteur de l'artillerie (1720-1759), ébaucha *l'organisation de l'artillerie aux armées* en introduisant *la division de 8 pièces* (6 canons, 2 obusiers) déjà essayée par Belle-Isle à Prague. La division fut desservie par une *compagnie d'artillerie : ce fut l'origine de la batterie.*

Le matériel, perfectionné par Vallière, fut, après la guerre de Sept ans, entièrement réfectionné par Gribeauval (1774). *Le nombre des calibres* destinés à paraître sur le champ de bataille fut limité à *trois*, canons de 4, 8, 12; création de la *prolonge*, de la *hausse*, de la *vis de pointage*, de la *gargousse ;* l'*attelage à limon* (2 chevaux de front) remplace l'attelage à la limonière (chevaux en file). Enfin un *obusier* du calibre de *6 pouces* entre en service (1).

---

(1) *Obusiers.* — Analogues à nos canons courts, lançaient des projectiles sphériques creux appelés *obus.* Ces projectiles étaient plus légers que les *boulets* de même grosseur. Pour éviter la confusion, on exprimait leur *calibre* par leur *diamètre* (en pouces et lignes d'abord, en centimètres plus tard). Le *calibre des canons* était indiqué par le *poids en livres* des boulets.

Les troupes d'artillerie furent réorganisées en 7 régiments, chacun rattaché à une école. Mais *les conducteurs civils* sont maintenus par raison d'économie et *les troupes du génie sont fondues avec celles de l'artillerie.*

II

La Révolution.

Le fait le plus important est, sur la proposition de *Lafayette*, la création de *l'artillerie à cheval*, déjà en usage en Prusse. *En avril 1792*, il y eut *9 compagnies d'artillerie à cheval;* leur nombre alla sans cesse en augmentant.

Le 7 mai 1795, la Convention fixa ainsi la composition de l'artillerie :

8 RÉGIMENTS D'ARTILLERIE A PIED *de 20 compagnies.*
8 RÉGIMENTS D'ARTILLERIE A CHEVAL *de 6 compagnies.*
1 BATAILLON DE PONTONNIERS *de 8 compagnies.*
12 COMPAGNIES D'OUVRIERS.

Ce nombre de régiments fut un maximum réduit en *1806* à *6 régiments* de chaque espèce. Les *officiers* sortaient de *l'École polytechnique. L'effectif*, qui était de 10.000 hommes en 1789, monta à 40.000 hommes en 1795.

LA RÉPARTITION AUX ARMÉES était la suivante (cavalerie non comprise) :

1° ARTILLERIE DE BATAILLON ou de régiment dont la création datait de *Maurice de Saxe* et qui avait pour but de doter l'infanterie de *pièces légères* (2 par bataillon) suffisamment mobiles pour accompagner ses mouvements et être ainsi en mesure de l'appuyer. La création de l'ARTILLERIE A CHEVAL la rendit inutile : EN 1795, il n'y eut plus qu'*une pièce par bataillon*. En 1796, l'artillerie de bataillon fut reléguée à la *réserve de l'armée* avant d'être supprimée.

2° ARTILLERIE DIVISIONNAIRE, comprenant :

1 division d'artillerie à pied, de 6 pièces (4 canons, 2 obusiers), desservie par une compagnie;

1 division d'artillerie à pied, de 6 *pièces;*

Un seul caisson par pièce suivait l'artillerie : *les caissons de 2ᵉ ligne, chariots et forges*, formaient LE PARC DIVISIONNAIRE.

3° ARTILLERIE DE RÉSERVE DE L'ARMÉE. — Elle se trouva naturellement constituée en 1796 par l'artillerie de bataillon dont l'infanterie ne voulait plus se servir et qui fut employée dès lors pour renforcer l'attaque décisive. Il y eut ainsi, en 1796, *5 divisions d'artillerie à pied*, formées après les préliminaires de Léoben.

III

L'Empire.

EN 1800, le Premier Consul militarisa les conducteurs, d'après l'exemple de Frédéric II, et créa les *bataillons du train d'artillerie* : désormais chaque *compagnie d'artillerie* fut doublée d'une *compagnie du train*, chargée d'atteler les pièces. On augmenta les pontonniers et on créa des *compagnies de canonniers garde-côtes*. LE MATÉRIEL lui-même *subit d'importantes modifications. Les canons de 4* (artillerie de bataillon) *et de 8, l'obusier de 6 pouces*, furent remplacés par les canons *de 6 et de 12 et l'obusier de 24* (15 centimètres) plus léger. Le vieux matériel fut employé en Espagne (1).

LA RÉPARTITION AUX ARMÉES fut la suivante :

1° L'ARTILLERIE DE RÉGIMENT fait sa réapparition *en 1809*, au moment où *l'infanterie* devient moins solide par suite de l'incorporation de contingents ou trop jeunes ou étrangers.

EN 1809, il y a *2 pièces* par régiment ; *en 1812, 4 pièces de 3 ou de 4* (plus *1 caisson de munitions* d'infanterie par bataillon).

Ces pièces disparaissent en 1813.

2° L'ARTILLERIE DIVISIONNAIRE. — Composée comme sous la Révolution.

En 1811, elle comprend :

1 BATTERIE A CHEVAL.

2 *obusiers* (à longue portée) *de 24* (15 cm.) ou *de 6* (à 5 calibres 1/2) ;

4 pièces de 6;

6 pièces de 12.

1 BATTERIE A PIED.

2 *obusiers de 24* (15 cm.) ou *de 6* (à 5 calibres 1/2) ;

---

(1) C'est là *le système de l'an XI* (1803) proposé surtout en raison du nombre considérable de pièces de 6 et de 12 prises aux Autrichiens.

L'obusier de 6 pouces était très court (4 calibres et demi). Aussi le remplaça-t-on d'abord par un *obusier de 6 pouces, de 5 calibres et demi de longueur*, puis par un *obusier de 24* (6 calibres et demi de longueur).

6 pièces de 6.

UN PARC DIVISIONNAIRE.

3° ARTILLERIE DE CORPS D'ARMÉE. — Elle fut créée à partir de 1800. En 1812, elle comprenait :

2 batteries à pied par corps d'armée ;
Un parc de corps d'armée correspondant.

On voit que, sous le premier Empire, l'*artillerie de corps était beaucoup moins importante que de nos jours.* À cette époque existait en effet un organe disparu aujourd'hui, la réserve d'artillerie.

4° RÉSERVE D'ARTILLERIE. — *L'existence de cette réserve* était justifiée par la nécessité de mettre en ligne un grand nombre de pièces pour l'*attaque décisive;* Napoléon l'augmenta après *Austerlitz* et *Eylau* dans des proportions formidables. La solidité décroissante de son infanterie le poussa encore dans cette voie et sa tactique entière en fut modifiée.

Il y avait aussi un *grand parc d'armée* comprenant une *partie mobile* poussée le plus près possible de l'armée (*13 octobre 1806,* à *Roda,* 15 kilomètres d'Iéna, ce qui permit un ravitaillement très rapide) et une *partie fixe* généralement abritée dans les places fortes de l'arrière.

En 1805, le grand parc de l'armée (ainsi que le *trésor*) fut surpris par *Werneck* et ses 5.000 Autrichiens. Il fut très mal défendu par les dragons à pied, aussi Napoléon prit-il des mesures de sécurité en vue de le garantir dans ses campagnes ultérieures.

IV

La Restauration.

Après un court et malheureux essai de LÉGIONS DÉPARTEMENTALES, on revint, presque immédiatement, pour l'artillerie et la cavalerie (fin 1815), à l'organisation en *régiments*. On forma *huit régiments à pied* et *quatre à cheval*. Les pièces employées furent *les canons de 8 et de 12, les obusiers de 15 et de 16 centimètres*.

DE 1827 A 1829, sous l'impulsion du *général Valée*, le matériel de Gribeauval est modifié et *l'on adopte un matériel imité des Anglais*.

Les deux trains de la voiture sont reliés au moyen d'une lunette de crosse et d'un crochet cheville ouvrière. *La liaison est ainsi parfaitement articulée*, la voiture peut franchir les inégalités du sol.

De plus, pendant toutes les guerres de la Révolution et de l'Empire, les caissons de campagne, très longs, étaient fermés, dans le sens de la longueur, au moyen d'un couvercle formant un toit en pignon. D'où impossibilité pour les servants de monter sur la voiture-caisson. *Le caisson est maintenant disposé de telle sorte que les servants, jadis à pied, peuvent s'y asseoir.*

L'artillerie à pied devient ainsi *artillerie montée* et acquiert une mobilité presque aussi grande que l'artillerie à cheval.

On crée un *matériel de montagne* avec des canons de 3 et de 4 et un obusier de 12 centimètres (1).

____

(1) Ces 3 calibres ont été utilisés en Espagne; mais, en 1828, le

EN 1829, une importante réorganisation fondit *la compagnie d'artillerie et la compagnie du train d'artillerie* (1) *en une seule unité*. LA BATTERIE DE 6 PIÈCES (4 canons, 2 obusiers). Il n'y eut plus qu'UNE SEULE CATÉGORIE DE RÉGIMENTS d'artillerie comprenant *des batteries montées et des batteries à cheval.*

V

La monarchie de Juillet.

La monarchie de juillet, presque aussitôt menacée par l'Europe, augmenta l'armée et accrut proportionnellement l'artillerie jusqu'à 14 RÉGIMENTS et 1.200 PIÈCES pour un effectif de 450.000 HOMMES. Ce nombre, jugé nécessaire par le *maréchal Soult*, a été *un maximum jusqu'en 1870*, et fut malheureusement considérablement réduit par *Napoléon III en 1865*, pour raison d'économie.

Deux batteries forment une DIVISION.

La batterie comprend :

1° LA BATTERIE DE TIR : 6 pièces, 4 canons (8 ou 12), 2 obusiers (15 ou 16); 6 caissons.

2° LA RÉSERVE : 6 caissons, 2 forges, 2 chariots.

---

général Berge fait adopter *l'unité de calibre dans la batterie de montagne* et cette dernière ne comprend plus, dès lors, que l'obusier de 12 centimètres. Ce matériel fera toutes les guerres d'Afrique.

(1) Ce dernier fut, par le fait, *supprimé en 1829*, mais il subsista pour *les parcs* jusqu'en 1883, époque où on le supprima officiellement. — En 1836 parut le 1er règlement sur les évolutions des batteries attelées.

VI

Second Empire.

Napoléon III avait, durant son exil et sous la direction du général Dufour, fait une étude particulière de l'artillerie ; aussi, dès le commencement de son règne, sembla-t-il donner tous ses soins à cette arme.

Avant la guerre de Crimée, le matériel reçut le canon obusier de 12, lançant à la fois *l'obus creux, le boulet plein, la boîte à balles* et le shrapnell. (1). Ainsi les batteries furent réduites à un *type unique de pièces.* En même temps, on rétablit les régiments d'artillerie montée (servants à pied), d'artillerie a cheval (servants à cheval), d'artillerie a pied (guerre de siège).

De 1838 à 1858, des progrès s'accomplissent dans la *balistique : Piobert* et ses études sur les effets des gaz, le mouvement des projectiles dans l'âme; *Euler, Lagrange* et *Didion* avec les lois de la résistance de l'air et le mouvement des projectiles dans l'espace ; appareils électro-balistiques *le Boulengé.* Création des cartouches à boulet et des cartouches à obus.

Avant la guerre d'Italie, en 1858, l'armée reçut le canon de 4 rayé se chargeant par la bouche avec

---

(1) Dans les guerres d'Espagne, les Anglais s'étaient servis d'un obus à *balle,* inventé par le capitaine *Shrapnell.* Ces nouveaux projectiles furent introduits en France en *1836* (approvisionnement de l'obusier de 12 centimètres, de montagne) et les études sur leur emploi poursuivies jusqu'en *1853.*

projectiles à ailettes (1). Après la guerre d'Italie, l'unité de calibre, à peine obtenue, fut rompue par l'adoption du *canon de 12 rayé* (2). Le boulet était supprimé et il n'y avait plus que l'*obus ordinaire* et l'*obus à balle* ou shrapnell importé d'Angleterre.

Dans ce matériel rayé, la vitesse au départ diminuait. Elle était inférieure à celle du matériel lisse, car il fallait empêcher l'arrachement des ailettes et éviter de trop fortes pressions dans l'âme des pièces.

En 1865, commença une période de décadence pour l'artillerie négligée par le gouvernement : non seulement le matériel existant est jugé suffisant en dépit de ses défauts (chargement par la bouche, fusées à deux distances d'éclatement, 1.500 et 2.850, défauts accrus encore par l'ignorance du réglage du tir et le mode d'emploi erroné de l'artillerie), mais encore le nombre de pièces est réduit à moins de 700, tandis que le maréchal Soult en exigeait jadis 1.200. Le gouvernement, se heurtant à la mauvaise volonté des Chambres, cédait ainsi à la tendance de réaliser des économies sur l'artillerie, qui est l'arme la plus chère. On devint d'autant moins disposé à adopter un nouveau canon qu'*un nouveau fusil, modèle 1866*, et un *canon à balles (mitrailleuses)* furent créés.

En 1867, au lendemain de Sadowa et à la suite de

---

(1) Les études sur la rayure débutent avec *Robins* (2ᵉ moitié du xviiiᵉ siècle). Elles sont continuées par *Delvigne*, *Tamisié*, *Minié* (fusil rayé de la garde).

(2) Ce matériel fut établi sous la collaboration du *général de la Hitte* et du commandant *Treuille de Beaulieu*. Le 4 correspond au calibre 86ᵐᵐ, le 12 au calibre 121ᵐᵐ.

Le calibre est désigné par le poids en kilos, et non plus en livres, du projectile.

L'AFFAIRE DU LUXEMBOURG, la guerre parut inévitable (*rapport de Stoffel*) avec la Prusse. Napoléon III n'adopta pas un nouveau matériel (système Krupp). mais *augmenta le nombre des pièces*. Grâce aux efforts du MARÉCHAL NIEL, L'ARMÉE DU RHIN pourra, EN 1870, entrer en campagne avec 800 PIÈCES, assez rapidement mobilisées, et qui, en dépit de l'infériorité du matériel, rendirent les plus grands services. A cette époque nous comptions :

15 régiments montés (plus le régiment de la garde);
5 régiments à cheval;
1 régiment de pontonniers.

PENDANT LA CAMPAGNE DE 1870, l'artillerie fut répartie conformément aux principes de Napoléon Ier, que l'on n'avait encore modifiés, en France du moins :

1° ARTILLERIE DIVISIONNAIRE. — En principe, *2 batteries de 4 rayé et 1 batterie de canons à balles* (Reffye), dont le maniement fut trop longtemps tenu secret.

Un parc divisionnaire.

2° ARTILLERIE DE CORPS D'ARMÉE. - *4 batteries de 12 rayé.*

Un parc de corps d'armée.

3° RÉSERVE D'ARTILLERIE. - *8 batteries de 4 et 8 batteries de 12.*

Un grand parc d'armée (ne put être formé).

La réserve générale d'artillerie n'est jamais intervenue sur le champ de bataille, ni en 1859 (1), ni

______

(1) *En 1859*, la répartition de l'artillerie dans l'armée française

en 1870 : aussi a-t-elle été répartie entre les artilleries de corps.

DURANT LA GUERRE DE 1870, les armées de la Loire employèrent un matériel rendu meilleur par l'usage *des fusées percutantes* : on essaya aussi LES CANONS DE 5 ET DE 7 (*Reffye*, matériel en bronze, avec vis filetée du colonel Treuille de Beaulieu).

De son côté, L'ARTILLERIE ALLEMANDE est armée de *canons de 4 et de 6 rayés*, à chargement par la culasse. Elle n'a que *deux projectiles : l'obus percutant* et *la boîte à balles*. L'unité tactique est le GROUPE composé soit de 4 batteries montées, soit de 2 batteries à cheval.

L'artillerie est ainsi répartie :

1° ARTILLERIE DIVISIONNAIRE. — *Un groupe de 4 batteries montées, 2 lourdes, 2 légères.*

2° ARTILLERIE DE CORPS. — *Un groupe de 4 batteries montées, 2 lourdes, 2 légères, et un groupe de 2 batteries à cheval de 4.*

VII

Après 1870.

APRÈS LA GUERRE, LES CANONS DE 5 ET DE 7 (1), étudiés par le COMMANDANT DE REFFYE, constituent no-

---

est la suivante : *une artillerie divisionnaire* de 2 batteries de 4 par division, *une artillerie de réserve de corps d'armée* de 4 batteries de 4 et *une réserve générale d'artillerie.*

L'artillerie autrichienne n'a que des canons lisses.

L'emploi de l'artillerie pendant la campagne de 1859 fut le même que sous le premier Empire.

(1) 75^{mm} et 85^{mm}.

tre *nouvelle artillerie*. Le nouveau matériel a les caractéristiques suivantes :

1° *Chargement par la culasse;*

2° *Forcement du projectile;*

3° Les charges sont constituées au moyen de *rondelles de poudre comprimée*, rondelles creuses placées dans *des gargousses à culot obturateur*. On obtient ainsi *un développement progressif des pressions* avec *une vitesse initiale plus grande* et par suite *un tir plus précis;*

4° Les pièces sont encore en *bronze*, car l'industrie française ne pouvait pas à ce moment fournir l'acier dans des conditions convenables pour le tir;

5° Les *affûts sont en fer ;*

6° La fusée employée est la *fusée percutante* (fusée Desmarets, puis, en 1875, fusée Budin);

7° *Les projectiles ont une hauteur de trois calibres.* L'obus *à double paroi*, inventé par le commandant de Reffye, est le premier obus à fragmentation systématique.

En 1875, on adjoignit à chaque corps d'armée deux *batteries de 95ᵐᵐ*, système Lahitolle. Construit en acier, ce matériel tire les mêmes sortes de projectiles que le matériel de Reffye : obus ordinaire, obus à balle, boîte à mitraille.

En 1878, le matériel de Bange est substitué au matériel de Reffye. En même temps, le Lahitolle est classé comme pièce de siège. Les mitrailleuses ont été abandonnées en 1875.

Le nouveau matériel est en *acier* et comprend *deux*

calibres, le 80^{mm} pour les batteries à cheval, *le 90^{mm}* pour les batteries montées (1). Les pièces tirent d'abord *l'obus ordinaire*, puis, en 1879, *un obus à couronne de balles en fonte* et à charge centrale, remplacé en 1883 par *l'obus à mitraille*. L'enveloppe extérieure de l'obus, réduite à 2^{mm},3 par l'emploi de l'acier, laisse un vide intérieur rempli de balles et de galettes en fonte qui se fragmentent en éclats de forme assez régulière. La gerbe obtenue à l'éclatement est étroite et pleine. Aussi le réglage est-il rendu plus facile.

LES PERFECTIONNEMENTS SE MULTIPLIENT :

En 1884, on crée LA FUSÉE A DOUBLE EFFET qui permet à *l'obus à mitraille* d'éclater à toutes les distances soit comme fusant, soit comme percutant.

En 1888, *frein Lemoine.*

Découverte de la POUDRE B qui augmente la vitesse initiale, sans changer notablement la pression que supporte la bouche à feu : la *suppression de la fumée facilite le repointage* et donne ainsi une plus grande rapidité du tir.

Amélioration apportée aux obus à balles. L'OBUS ROBIN.

En 1893, invention du *goniomètre* Estienne, qui permet le *tir indirect.*

En 1888, *les obus ordinaires à charge intérieure* de poudre ont été remplacés par *des obus à la mélinite.*

---

(1) Vo = 455^m pour le 90^{mm}.
Vo = 490^m pour le 80^{mm}.

L'EFFECTIF DES TROUPES D'ARTILLERIE s'est considérablement accru après 1870, et, en 1875 nous avons :

38 régiments d'artillerie;

2 régiments de pontonniers;

16 bataillons d'artillerie de forteresse.

En 1909 :

40 régiments d'artillerie (38ᵉ et 40ᵉ créés en 1894);

18 bataillons d'artillerie à pied (17ᵉ créé en 1898, 18ᵉ en 1899).

Chaque corps d'armée a *2 régiments d'artillerie* stationnés sur *son territoire.* Chacun d'eux comprend en général deux fractions dont l'une constitue *l'artillerie divisionnaire* de l'une des divisions du corps d'armée, l'autre entre dans la composition de *l'artillerie de corps.*

Après LA GUERRE TURCO-RUSSE (1877-1878) et le *siège de Plewna,* s'était posée la question de L'ARTILLERIE LOURDE DE CAMPAGNE. En France, on la constitua avec deux pièces de puissance différente :

Un canon court de 120, modèle 1890;

Un canon court de 155.

VIII

L'artillerie à tir rapide.

Mais le *matériel de campagne de 80 et de 90 est un* MATÉRIEL LOURD ET A TIR LENT. Or l'industrie a fait de grands progrès et l'*acier au nickel* peut permettre de construire, avec un *frein hydro-pneumatique,* adopté déjà pour les canons courts, un *affût élastique, léger et solide. La réduction de calibre* (en compensant la diminution de poids du projectile par une augmentation de vitesse initiale) aura également comme conséquence *la légèreté et la mobilité de l'artillerie de campagne.*

Les études poursuivies aboutissent à l'adoption du CANON DE 75ᵐᵐ, MODÈLE 1897, aussi bien pour les batteries à cheval que pour les batteries montées.

CARACTÉRISTIQUES

Suppression du recul (frein et bêche de crosse);

Chargement rapide (cartouche métallique, débouchoir automatique, fermeture de culasse);

Perfectionnement des organes de pointage (emploi du millième);

Boucliers,

d'où : *tir rapide* (15 à 20 coups par pièce à la minute).

LA BATTERIE EST A 4 PIÈCES, CE QUI DONNE 92 CANONS DANS LE CORPS D'ARMÉE.

EN ALLEMAGNE, avant d'arriver au matériel à tir rapide, on a franchi une étape intermédiaire. Les modifications survenues depuis 1870 ont été :

1ʳᵉ étape :

En 1873, pièces de deux calibres, 78ᵐᵐ et 88ᵐᵐ;

En 1888, pièces de 88ᵐᵐ, inclinaison finale des rayures assez faible;

En 1891, pièces de 88ᵐᵐ, inclinaison finale des rayures, 7°, emploi de l'acier au nickel.

Étape intermédiaire :

En 1896, PIÈCES DE 77ᵐᵐ A TIR SIMPLEMENT ACCÉLÉRÉ;

ÉTAPE FINALE

*En 1907, pièces de 77*mm*, modèle 96 (n. A.), pièces à tir rapide. La batterie allemande est restée à 6 pièces,* ce qui donne pour *le corps d'armée allemand 144 canons (126 canons, 18 obusiers).*

Devant cette menace, *une proposition de loi* a été déposée sur la tribune de la Chambre des députés française en vue d'augmenter la dotation de nos corps d'armée. Le projet du gouvernement prévoit *3 régiments d'artillerie par corps d'armée :* 2 régiments divisionnaires, 1 régiment de corps. La batterie restant à 4 pièces, la dotation du corps d'armée serait de 30 batteries, ou 120 canons. Ce projet, voté à la Chambre, a subi l'assentiment du Sénat (juillet 1909) et va être mis à exécution. Mais, en raison des nécessités budgétaires, la réorganisation de l'artillerie ne sera terminée qu'en 1911, et, à cette date seulement, l'armée comprendra :

EN FRANCE :

62 régiments d'artillerie de campagne ;

2 régiments d'artillerie de montagne ;

11 régiments d'artillerie à pied ;

4 compagnies d'ouvriers ;

86 sections d'ouvriers.

EN ALGÉRIE-TUNISIE :

5 groupes d'artillerie de campagne ;

2 groupes d'artillerie à pied.

D'une manière générale, les régiments divisionnaires comporteront 9 batteries, les régiments de corps, 12.

Tactique de l'artillerie française de 1789 à nos jours.

I

La Révolution.

L'ARTILLERIE fut l'arme *la moins éprouvée par l'émigration;* aussi contribua-t-elle beaucoup, au début, à *affermir* la contenance des *bataillons de volontaires* non aguerris. Un énorme progrès fut encore réalisé dès 1792 par l'introduction des BATTERIES A CHEVAL dans une arme qui avait conservé toute sa solidité.

CETTE RÉFORME est LE FAIT SAILLANT de l'histoire de l'arme sous la Révolution; elle justifiait, en effet, l'engouement extraordinaire qu'elle causa et répondait admirablement aux besoins de l'époque :

A LA CAVALERIE, elle donnait *les moyens de lutter avec avantage* contre la *belle cavalerie autrichienne;*

A L'INFANTERIE, elle soutenait le moral des nouvelles levées de volontaires (*Valmy, Fleurus*);

A L'ARTILLERIE, elle suppléait A CE MANQUE ABSOLU DE MOBILITÉ qui paralysait l'emploi de l'arme depuis sa création et avait nécessité l'emploi de *l'artillerie de bataillon;*

A la TACTIQUE GÉNÉRALE DE LA RÉVOLUTION, caractérisée par l'utilisation (poussée jusqu'à l'abus) DES DIVISIONS MIXTES se suffisant à elles-mêmes, elle per-

mettait de disposer d'une sorte de RÉSERVE DIVISION-
NAIRE.

L'ARTILLERIE, *de plus en plus consciente de sa valeur* propre et de son utilité par rapport aux autres
troupes, agit EN LIAISON absolue avec les autres armes,
dont elle appuyait de fort près les attaques : telle fut
l'artillerie de Marmont à *Castiglione* et à *Marengo* (1).

L'emploi de L'ARTILLERIE EN MASSE n'existait pas encore et seules les canonnades de *Valmy* et *Fleurus*
offrent une certaine analogie avec les luttes formidables de l'Empire en 1809 et en 1812.

II

L'Empire.

A ce moment, l'organisation de l'artillerie est parfaitement définie : *elle correspond aux trois échelons
principaux de l'organisation générale, la division, le
corps d'armée et l'armée.* En même temps, elle constitue l'auxiliaire indispensable des divisions de cavalerie.

Dans la PÉRIODE LA PLUS PROSPÈRE de l'Empire, de

---

(1) Le matériel en service était, en lui même, *très mobile et rou-
lant.* Mais, comme *les servants sont à pied* à raison et de la forme
donnée aux caissons et du mode de suspension des trains, l'artillerie ne se *déplace qu'au pas.* Les batteries à cheval seules sont
très manœuvrières, mais elles ne constituent qu'une fraction mi-
nime de l'artillerie. Les mouvements, du reste, sont gênés par la
présence *de charretiers civils aux gages d'un entrepreneur.* Ces
derniers amenaient les pièces sur les emplacements de tir à 8 ou
10 mètres d'intervalle, les avant-trains à 15 mètres en arrière, les
caissons en 3ᵉ ligne. Puis les chevaux étaient dételés et ramenés
avec les conducteurs à une portée de canon en arrière (d'après le
colonel Paloque, *Artillerie de campagne*).

1805 à 1809, où l'Empereur doit particulièrement ses succès à l'emploi de la *stratégie et à la supériorité de ses combinaisons*, elle entre dans une proportion normale dans la composition des armées. Son *peu de portée* nécessite deux phases principales dans son emploi : L'ARTILLERIE DIVISIONNAIRE ET DE CORPS D'ARMÉE est employée au COMBAT D'USURE, la RÉSERVE GÉNÉRALE n'entre en ligne qu'au MOMENT DÉCISIF (1).

A PARTIR DE 1809, l'Empereur « commence à manifester un goût plus prononcé pour les *attaques directes*, pour les jouissances de l'emploi de la force et une sorte de dédain pour les combinaisons de l'art et de l'esprit ». (Marmont.)

« L'artillerie, dit l'Empereur lui-même, à Sainte-Hélène, fait aujourd'hui la véritable destinée des armées et des peuples, et celui qui, la mêlée établie, est sûr de *faire arriver subitement et secrètement une masse inopinée d'artillerie est sûr de l'emporter*. L'ART CONSISTE A FAIRE CONVERGER UN GRAND NOMBRE DE FEUX SUR UN MÊME POINT. »

Cette transformation profonde dans la manière de faire la guerre de Napoléon provenait en réalité de

---

(1) *Le fait saillant des guerres de l'empire, c'est que l'artillerie, une fois engagée, est dépensée :* elle cesse d'être disponible. En effet, sa bonne portée est de 500 mètres environ (canons de 6 et de 4). Les canons s'avancent donc jusqu'à cette distance, mais là ils se trouvent à la portée limite de la mousqueterie ennemie. Doivent-ils dès lors se consacrer à une lutte prolongée contre les canons adverses ? Non, car *ils doivent prendre sous leur feu l'objectif le plus menaçant*, quelle que soit sa nature. L'artillerie sera dès lors fixée dans l'action par le feu combiné de l'infanterie et de l'artillerie opposées et il sera nécessaire de garder une réserve pour produire l'événement.

causes profondes. Déjà *en 1805 et 1807 (Austerlitz, Eylau)*, il avait pu constater à deux reprises *l'insuffisance de son artillerie. En 1809*, la nouvelle Grande Armée, inférieure de qualité à la précédente, l'obligea impérieusement à *augmenter son artillerie*, pour compenser les qualités décroissantes de son infanterie. En même temps, et pour la même raison, il renonça aux MOUVEMENTS STRATÉGIQUES A GRANDE ENVERGURE, qui exigent de longues marches, puissant dissolvant pour de jeunes troupes. Ainsi se trouva créée *la nouvelle tactique* de Napoléon, tactique essentiellement *brutale et du champ de bataille*, caractérisée par L'EMPLOI D'ÉNORMES *masses d'artillerie* et une *dépense extraordinaire d'hommes et de chevaux.*

De 1809 à 1813, les batailles deviennent d'effrayantes boucheries et Napoléon ne cesse *d'augmenter son artillerie.*

Chose digne de remarque : l'action des *généraux d'artillerie* (réduits, durant *la Révolution*, à un rôle assez effacé sur le champ de bataille) prend une extension remarquable et une importance jusqu'alors inconnue.

Campagnes de l'Empire.

AUSTERLITZ. — « A Austerlitz, dit Napoléon, je me suis aperçu que je n'avais pas assez d'artillerie. » A signaler la *batterie du Santon* de 18 pièces de 12.

AUERSTAEDT. — Action énergique et audacieuse de l'artillerie de *Davout* qui, restant en dehors des carrés, contribue à arrêter la cavalerie prussienne. A la fin de la journée, les batteries se portent en avant sur les ailes pour prendre d'écharpe les Prussiens.

IÉNA. — Au centre, le général *Lariboisière* commande une grande batterie qui contribue beaucoup au succès des attaques du maréchal Lannes.

EYLAU. — Napoléon n'avait que 200 pièces, les Russes 500; préludant à la tactique moderne, *il engage toute son artillerie au début* pour masquer sa grande infériorité, tandis que les Russes gardent la majeure partie de leurs canons en réserve.

FRIEDLAND. — *Sénarmont* appuie avec une grande batterie l'attaque de Ney et lui permet à deux reprises de reprendre sa marche en avant: tout d'abord en contrebattant la batterie russe de la rive droite, ensuite en s'avançant jusqu'à 200 mètres de la garde russe (qui débouchait du Mühlenfluss sur le flanc gauche du 6ᵉ corps), et arrêtant son élan à coups de mitraille.

WAGRAM. — Épaulements pour l'artillerie dans les redoutes élevées sur l'île Lobau.

Lauriston dirige une batterie de 100 pièces formée pour boucher la trouée produite par la défaite du corps de *Bernadotte* et préparer l'entrée en ligne de la *colonne Macdonald*. Cette artillerie, déployée en arc de cercle convexe vers l'ennemi, souffrit beaucoup et ne put accompagner l'attaque décisive.

A l'aile droite, l'artillerie contribue puissamment au succès de *Davout*, que Napoléon attendait pour lancer l'attaque décisive.

La Moskowa. — Épaulements pour l'artillerie des redoutes russes.

L'attaque des trois flèches est appuyée par 90 pièces légères, commandées par Sorbier, réparties en trois masses, dont les deux ailes passent audacieusement par les intervalles laissés entre les ouvrages et viennent tirer sur leur gorge. Après leur prise, une masse de 200 canons, réunie sur le bord du ravin de Séménoffskoïe, foudroie les Russes.

Napoléon termine la bataille par une effroyable canonnade.

Lutzen. — *Drouot* prend position en arrière d'un pli de terrain et en avant de Starsiedel avec 90 pièces de la Garde; il soutient contre la cavalerie prussienne l'infanterie ébranlée de Marmont et prépare la prise du village de *Kaja,* sur lequel une autre batterie croise ses feux.

Bautzen. — *Le deuxième jour,* pour appuyer l'attaque de Ney, Napoléon forme avec *l'artillerie de la Garde et celle de Marmont une énorme batterie de 180 pièces* qui foudroie les retranchements ennemis. *80 pièces de la Garde accompagnent l'infanterie dans son attaque.*

Leipzig. — Vers 9 heures du matin, le *16 octobre,* une *batterie très forte* arrête le corps de *Kleist* qui tente de déboucher de *Mark-Kleeberg.* Vers midi, dans l'attaque décisive sur *Gossa, Drouot* commande à 100 pièces de canon.

Le 18 octobre, une longue canonnade termine la journée.

HANAU. — L'artillerie de la Garde, commandée par *Drouot*, prépare l'attaque décisive et repousse la cavalerie ennemie.

MONTEREAU. — La batterie du général *Gérard*.

WATERLOO. — Emploi des obusiers contre la ferme d'*Hougoumont*.

Une batterie de 78 pièces prépare l'attaque du corps *d'Erlon*.

III

La guerre de 1866.

LES ARTILLERIES PRUSSIENNE ET AUTRICHIENNE étaient numériquement égales. LES AUTRICHIENS n'avaient que des *pièces rayées* se chargeant par la bouche (*pièces de 4 et de 8*). LES PRUSSIENS avaient près de *300 pièces lisses* (calibre 12), *mais leurs 500 pièces rayées (pièces de 4 et de 6) se chargeaient par la culasse* (1).

Tandis que les PRUSSIENS, se conformant aux principes des guerres de l'Empire, *tenaient une partie de leur artillerie en réserve, loin des têtes de colonne,*

---

(1) *L'armée autrichienne* est organisée en *brigades mixtes :* 2 régiments d'infanterie, un bataillon de chasseurs, une batterie de 8 pièces de 4. Le corps d'armée fort de 4 brigades comprend, en outre, comme artillerie, une réserve de 5 batteries à 8 pièces (3 batteries de 4, 2 batteries de 8). La réserve générale de l'armée de Benedeck compte 128 pièces.

L'armée prussienne est organisée en *division*, dont l'artillerie est forte de 4 batteries à 6 pièces. Deux divisions forment le corps d'armée, qui possède une réserve d'artillerie de 6 batteries en moyenne. Enfin, les 3 armées qui opèrent en Bohême ont aussi chacune une réserve générale d'artillerie.

LES AUTRICHIENS, qui observèrent presque constamment la défensive, se trouvèrent par le fait *disposer de toute leur artillerie au commencement de la lutte* et purent ainsi tenir en échec les batteries prussiennes qui arrivaient isolément sur le champ de bataille.

A TRAUTENAU, les Prussiens furent battus pour ce fait et à *Nachod* ils faillirent encore l'être pour la même raison.

A SKALITZ, les Prussiens surent utiliser la tension supérieure de leur trajectoire et se maintenir à une distance où le tir des Autrichiens resta inefficace et fichant.

A SADOWA, les Autrichiens auraient pu au début écraser l'artillerie de la 2ᵉ armée. Ils protégèrent leur retraite au moyen d'une grande batterie de 216 pièces. Une charge des trois divisions de cavalerie de réserve de Benedeck procura le champ de tir nécessaire à cette batterie qui sauva l'armée de l'anéantissement.

A LA SUITE DE LA GUERRE DE 1866, la tactique de l'artillerie devint en Prusse, sous l'impulsion du prince de Hohenlohe, l'objet d'études approfondies.

Sur le champ de bataille, les batteries devaient dorénavant se scinder en *trois échelons : batteries de tir, caissons, fourgons*.

L'unité tactique est le groupe (au lieu de la batterie).

L'artillerie est placée, durant les marches, en tête de colonne, et le prince de Hohenlohe préconise l'em-

ploi simultané et foudroyant de toutes les pièces au début du combat.

La conséquence naturelle était la *suppression de la réserve générale d'artillerie*, désormais sans objet puisque, à raison de sa portée, *l'artillerie est toujours disponible.* Aussi supprime-t-on la dénomination d'artillerie de réserve pour la remplacer par celle d'artillerie de corps d'armée.

Le canon lisse de 12 allemand est complétement abandonné et, avec les deux seuls calibres de 4 et de 6, le personnel est rompu à la pratique du tir. Le prince de Hohenlohe, se faisant l'interprète des idées nouvelles, fait étudier non seulement la technique de l'artillerie, mais encore *sa tactique en liaison avec les autres armes.*

Le shrapnell est délaissé, car on n'a pas de fusée à temps convenable et l'artillerie n'utilise plus que deux sortes de projectiles : *l'obus percutant* et *la boîte à balles.*

En France, la leçon fut perdue et la tactique resta stationnaire. Le matériel défectueux (deux distances d'éclatement, pas de fusée percutante, chargement par la bouche) ne fut pas changé par raison d'économie et avec l'excuse des services rendus en 1859. Le nombre des pièces, d'abord ridiculement réduit, fut à peine augmenté : en 1870, l'artillerie française se montrera aussi héroïque et audacieuse que sous le premier Empire, mais elle succombera en raison de sa faiblesse d'effectif et d'organisation.

C'est dans ces conditions que s'ouvre la campagne de 1870-1871, où l'artillerie s'efforce d'appliquer, du côté des Allemands, les instructions élaborées à la suite des événements de 1866 :

1° *Engagement de la masse d'artillerie dès le début* : Wœrth, Borny, Rezonville, Saint-Privat;

2° *Liaison des armes* : Rezonville;

3° *Abandon du tir aux grandes distances* : le feu s'ouvre entre 1.200 et 2.000 mètres.

IV

Plewna.

Cependant, même pendant la guerre de 1870, du côté allemand, la *préparation de l'attaque ne fut pas poussée assez loin*. Ce défaut se manifeste encore plus pendant la guerre turco-russe, devant PLEWNA, malgré les instructions remarquables de *Skobelev*. Aussi en conclut-on au manque d'efficacité de l'artillerie de campagne contre les positions retranchées. En réalité, ce qui manqua en 1877 c'est, domme à Wissembourg et à Saint-Privat, la préparation rationnelle de l'attaque d'infanterie. L'artillerie russe détruit l'obstacle, non le défenseur; elle ne sait pas accompagner ses fantassins : absence de liaison des armes. La guerre terminée, beaucoup de puissances adoptent des canons courts ou des mortiers, qui, joints aux pièces de campagne, permettent, par un tir courbe, d'atteindre le défenseur dans son abri. En vain, en France, l'introduction d'obus à la mélinite paraissait avoir donné une deuxième solution à la question. Les études sur le tir courbe continuent cependant et notre artillerie se constitue, *en 1890, un matériel d'artillerie lourde de campagne avec les canons courts de 120 et de 155.*

V

Le canon à tir rapide.

En 1897, la France adopte *un matériel à tir rapide* et les autres puissances la suivent, de loin il est vrai, dans cette voie (Allemagne, 1901; Angleterre, 1903; Autriche, 1905; Italie, 1907; Russie, 1907; mais ces deux dernières nations sont encore à la période d'essai).

En 1907, la France met en emploi un matériel d'artillerie lourde, du calibre 155, à tir rapide, dû au commandant Rimailho.

Avec le canon à tir rapide, l'artillerie agira toujours par masse. Mais, par suite de ses nouvelles propriétés, *il sera inutile de faire tirer dès le début la totalité des pièces en ligne.* On n'utilisera que le *nombre de canons strictement nécessaire pour arriver au résultat cherché, en ayant égard non pas à la quantité de batteries à contrebattre, mais au front sur lequel elles se répartissent.*

LIVRES A CONSULTER :

Encyclopédie scientifique — Artillerie de campagne, par le lieutenant-colonel Paloque.

L'artillerie de campagne (1792-1901), par le lieutenant Campana.

L'artillerie française au xviii° siècle, par le commandant Picard.

Histoire de l'artillerie française, par le général Suzane.

L'artillerie au début des guerres de la Révolution, par Rouquerol.

CAVALERIE

Organisation de la cavalerie française de 1789 à 1909.

I

La Révolution.

En 1789, *la cavalerie française* comptait 62 RÉGIMENTS :

Maison du Roi (4 escadrons);
24 régiments de cavalerie à 3 escadrons;
 2   de carabiniers à 3 escadrons;
18   de dragons à 3 escadrons;
 6   de hussards à 4 escadrons;
12   de chasseurs à 4 escadrons.

L'ESCADRON est à 2 *compagnies* de 2 *divisions;* il est commandé par *un chef d'escadron.* Seul, le régiment de cuirassiers (compris dans les régiments dits de cavalerie) porte la *cuirasse.* Les régiments de cavalerie ont le sabre, *le mousqueton,* le plastron de fer, deux pistolets. Les dragons et les chasseurs ont le casque, le sabre, *un fusil avec baïonnette,* un pistolet et un outil ; les hussards, le sabre, le mousqueton et deux pistolets. Le fusil ou le mousqueton se porte à la botte droite.

La cavalerie est dotée du RÈGLEMENT DE 1788 (remplace celui de 1766) qui a adopté les principes de Seydlitz. Mais elle subit comme les autres armes la désagrégation amenée par la Révolution : l'émigration ruine les cadres, la désertion fait fondre les effectifs. *La cavalerie royale est inapte à faire la guerre.*

EN 1791, *les noms des régiments furent supprimés* quelque temps après les carabiniers et les cuirassiers. Les unités dans les régiments furent considérablement augmentées, et la tactique révolutionnaire aidant, *on doubla presque les régiments de cavalerie légère. De 1791 à juin 1794, la cavalerie passe d'un effectif de 30.000 (dont 13.500 seulement devant l'ennemi) à 100.000 (dont 54.000 aux armées d'opérations).*

A CETTE ÉPOQUE, 1794, ces 100.000 cavaliers sont répartis en 83 RÉGIMENTS :

29 régiments de cavalerie (grosse cavalerie), à 4 escadrons;

20 régiments de dragons, à 6 escadrons:

23   de chasseurs, à 6 escadrons;

11   de hussards, à 6 escadrons.

LA RÉPARTITION DE CETTE CAVALERIE dans les armées de la République fut une *conséquence du principe divisionnaire* qu'elles avaient pour base. La cavalerie, au lieu de se trouver comme autrefois aux extrémités de la ligne, *fut d'abord entièrement répartie entre les divisions.* Il n'y eut donc à un moment que de LA CAVALERIE DIVISIONNAIRE (*1 régiment ou 1 brigade par division*).

L'action de la cavalerie était ainsi intimement liée à celle de l'infanterie, mais elle ne pouvait plus agir par masses sur le champ de bataille, dans les poursuites ou les retraites. *Il fallut donc réunir la cavalerie en unités supérieures* et constituer une réserve de cavalerie pour chaque armée. Ainsi *la division Dubois à l'armée de Jourdan après Fleurus* (juin à novembre 1794). *En 1795, l'armée de Sambre-et-Meuse* possède, outre la cavalerie propre à ses huit divisions, *une division de cavalerie* (Legrand); *l'armée de Rhin-et-Moselle a à ses ailes deux masses de cavalerie*, l'une d'une division, l'autre d'une brigade.

En 1796, Hoche en Allemagne, Bonaparte en Italie, formèrent *des divisions de cavalerie* de la même arme.

En 1800, le Premier Consul constitue aux ordres de Murat, dans l'armée de réserve, *une force de deux brigades* (Kellermann et Champeaux). *Dans l'armée du Rhin*, outre la cavalerie divisionnaire, 1, 2, 3 ou 4 régiments, il y a une *réserve de cavalerie* aux ordres de d'Hautpoul, forte de 4 régiments.

II

L'Empire.

LA RÉPARTITION DE LA CAVALERIE est basée sur ce fait que *le corps d'armée* remplace la *division mixte* dans l'organisation générale.

CAVALERIE DIVISIONNAIRE

IL N'Y A PLUS DE CAVALERIE DIVISIONNAIRE. Le manque de cavalerie se fit sentir dans les divisions d'infanterie qui ne conservèrent que leur artillerie : « Napoléon, dit Marmont, ayant formé des corps d'armée, retira la cavalerie des divisions et se contenta d'appliquer au corps d'armée les principes de la légion. Mais, dans les corps d'armée, la cavalerie est trop loin des divisions et n'est pas sous la main des généraux d'infanterie qui se battent. »

« Les divisions d'infanterie, dit le général Foy, ont marché à l'aveuglette et des efforts ont été sans résultat faute de quelques pelotons d'hommes à cheval à lancer sur l'ennemi en déroute. »

CAVALERIE DE CORPS D'ARMÉE

LA CAVALERIE DE CORPS D'ARMÉE, qui remplaça la précédente, COMPRIT GÉNÉRALEMENT UNE BRIGADE OU PLUS RAREMENT UNE DIVISION DE CAVALERIE LÉGÈRE OU A DÉFAUT DE DRAGONS.

RÉSERVE DE CAVALERIE

LA RÉSERVE DE CAVALERIE *de l'armée alla sans cesse en croissant* comme la réserve d'artillerie (et la réserve générale constituée par la Garde). En 1812, elle aboutit finalement à la constitution de ces corps de cavalerie si critiqués depuis. Jusqu'en 1809, les divisions de cavalerie de la réserve ont 6 pièces d'artillerie à cheval; en 1812, elles en ont 12.

CAVALERIE DE LA GARDE

La cavalerie de la Garde subit une augmentation constante. En 1804, elle comprend 1 régiment de grenadiers à cheval à 4 escadrons, 1 régiment de chasseurs à cheval à 4 escadrons, 1 compagnie de mameluks, 2 escadrons de gendarmerie. En 1806, création d'un régiment de dragons : en 1807, un régiment de chevau-légers lanciers; en 1810, un régiment de cuirassiers et un second régiment de lanciers ; enfin, en 1812, on crée en Pologne un troisième régiment de lanciers.

LA GARDE EUT AINSI JUSQU'A 14 RÉGIMENTS DE CAVALERIE.

EN 1804, il y avait 80 RÉGIMENTS DE CAVALERIE dont 12 de cuirassiers, 2 de carabiniers (qui reprirent le casque et la cuirasse). *Les régiments sont à 4 escadrons de 2 compagnies.*

EN 1805, LA CAVALERIE DE CORPS D'ARMÉE comprit : *1 division de cavalerie légère* pour chacun des *deux premiers corps,* 1 BRIGADE pour *les cinq autres* et *la Garde.* LA RÉSERVE DE CAVALERIE *de Murat* comprenait *1 division de cavalerie légère, 2 divisions de cuirassiers, 4 divisions de dragons à cheval* et *1 division de dragons à pied,* qui, en 1805, ne surent pas défendre le parc de l'armée à Haslach et se comportèrent assez mal en Pologne lorsqu'on les eut remonté après Iéna (1). La réserve possède 1 BATTERIE A CHEVAL par division et UNE DE RÉSERVE.

---

(1) Cette division avait été organisée en vue de la descente en Angleterre.

En 1806, *création d'un 5ᵉ escadron, ou dépôt, pour les régiments de grosse cavalerie en campagne.*

La cavalerie de corps d'armée se composa, dans la guerre contre la Prusse, de *brigades légères* qu'on augmenta jusqu'a *une division pour les quatre premiers corps d'armée* au moment de la campagne de Pologne. La réserve de cavalerie avait sensiblement la même composition qu'en 1805.

En 1808, Napoléon emmena en *Espagne ses divisions de dragons*, dont le nombre de régiments monta un instant jusqu'à *40.* Ils constituèrent dans la péninsule la réserve de cavalerie. Leur absence fut particulièrement sensible dans la campagne de Russie, où leur service, imposé aux cuirassiers, contribua à la ruine rapide de ces derniers.

En 1809, la cavalerie de corps d'armée atteignit une plus forte porportion. *Les 3ᵉ et 2ᵉ corps s'adjoignirent, outre une brigade de cavalerie légère, les divisions de cuirassiers Espagne et Saint-Sulpice;* les autres corps eurent une division de cavalerie légère.

La réserve de cavalerie comprit *4 divisions,* savoir :

2 divisions de cavalerie légère (Montbrun, Lasalle);
1 division de cuirassiers (Nansouty);
1 division de dragons (Beaumont).

La cavalerie autrichienne, sous l'impulsion de l'archiduc Charles, s'était réorganisée et était devenue excellente. Ses régiments avaient 6 ou 8 escadrons.

En 1811, un décret forme *9 régiments de chevau-légers lanciers* au moyen de 2 régiments polonais,

6 régiments de dragons et 1 régiment de chasseurs à cheval.

EN 1812, L'ARMÉE DE RUSSIE comprit une quantité énorme de cavalerie, environ 95.000 cavaliers (1).

LA CAVALERIE DE CORPS D'ARMÉE comprit *une division de cavalerie légère, de 16 à 20 escadrons.* Le 2ᵉ corps a, en outre, une division de cuirassiers.

LA RÉSERVE DE CAVALERIE ÉTAIT FORTE DE 4 CORPS DE CAVALERIE (Nansouty, Montbrun, Grouchy, Latour-Maubourg), composés chacun de :

2 divisions de cuirassiers à 3 régiments de cuirassiers DE 8 ESCADRONS formant brigade et *1 régiment de lanciers* pour les escortes, détachements. etc., *avec 1 batterie d'artillerie à cheval* de 12 pièces;

1 division de cavalerie légère à 16 escadrons et 12 *pièces.*

« Napoléon, dit *Marmont*, organisa ses corps de cavalerie à trois divisions et 12.000 chevaux. Cette idée était monstrueuse et sans application utile sur le champ de bataille : elle fut la cause de pertes immenses sans combattre et ne servit qu'à présenter un spectacle extraordinaire, propre à étonner la vue. »

Les PERTES ÉNORMES que subit *la cavalerie française* semblent dues aux causes suivantes :

------

(1) Au printemps de 1812, il y avait dans l'empire : 2 régiments de carabiniers, 14 régiments de cuirassiers, 24 régiments de dragons, 9 régiments de chevau-légers, 28 régiments de chasseurs, 12 régiments de hussards.

RECRUTEMENT et *jeunesse des chevaux, pris pour la* plupart en Allemagne.

EMPLOI :

> *Défectuosité de la nourriture,* fourrages verts et orge, au lieu d'avoine;
>
> *Fréquence du bivouac :* les orages des 29 et 30 juin éprouvèrent surtout le 4ᵉ corps;
>
> *Intempérance de Murat,* chef aussi brillant au combat que peu ménager en tout temps des forces de ses chevaux;
>
> *Emploi des cuirassiers* en l'absence de dragons.

EN 1813, Napoléon eut la plus grande peine à reconstituer sa cavalerie au moyen de 12.000 cavaliers (à pied) revenus de Russie, des cadres tirés d'Espagne et de conscrits sachant à peine monter. Indépendamment de ce que la cavalerie est l'arme la plus difficile à improviser, une révolte à Hambourg gêna beaucoup le général Bourcier chargé de la remonte en Allemagne.

DANS LA 1ʳᵉ PARTIE DE LA CAMPAGNE, *l'armée est presque sans cavalerie;* Napoléon recommande même de ne pas l'aventurer sans infanterie. Ce manque de cavalerie l'obligea d'abord, après sa jonction avec Eugène, à prendre un objectif géographique, Berlin. Ensuite il ne put exploiter ses victoires : Lutzen et Bautzen.

APRÈS L'ARMISTICE DE PLESWITZ, on était arrivé péniblement à reconstituer la cavalerie sur les bases suivantes :

CAVALERIE DE CORPS D'ARMÉE. — *Une brigade de cavalerie légère*, très incomplète dans certains corps.

CAVALERIE DE LA GARDE. — *Trois divisions* sous le commandement de Nansouty.

RÉSERVE DE CAVALERIE DE MURAT. — *Cinq corps de cavalerie.*

> *Les trois premiers* (Latour-Maubourg, Sébastiani, Arrighi), seuls au complet, comprenaient, avec la proportion normale d'artillerie, *2 divisions de cavalerie légère* et *1 division de cuirassiers* (le 1er corps, au contraire, avait 2 divisions de cuirassiers et 1 de légère).
>
> *Le 4e corps* (Kellermann) : *2 divisions polonaises.*
>
> *Le 5e*, fondu ensuite avec le 5e bis, avait des effectifs très faibles : il devait avoir *1 division de cavalerie légère, 2 divisions de grosse cavalerie.*

En 1814, la cavalerie est encore plus faible; néanmoins, *à la Rothière*, agissent *deux corps de cavalerie* (5.600 hommes) sous Milhaud et Nansouty. En retirant la plupart de la cavalerie des armées d'Italie et d'Espagne, *Napoléon parvient à avoir 6.500 cavaliers à Craonne.*

En 1815 :

LA CAVALERIE DE CORPS comprenait *1 brigade légère.*

LA CAVALERIE DE LA GARDE : *2 divisions de cavalerie* (Lefebvre-Desnouettes et Guyot).

LA RÉSERVE DE CAVALERIE, 13.000 hommes avec Grouchy :

Division de cavalerie légère, Pajol;

Division de dragons, Exelmans;

2 divisions de cuirassiers (Milhaud, Kellermann).

III

La Restauration.

LES LÉGIONS MIXTES rendant impossible l'instruction des armes autres que l'infanterie, il fallut, *dès la fin de 1815, rétablir les régiments de cavalerie et d'artillerie.*

Il y eut alors 48 RÉGIMENTS DE CAVALERIE à *4 ou 6 escadrons :* L'ESCADRON *devint l'unité tactique et administrative* composée de 4 pelotons ; la compagnie disparut dans la cavalerie. Les lanciers ne furent pas rétablis, mais *le 4ᵉ escadron des chasseurs fut armé de la lance.*

EN 1825, l'état de la cavalerie française était le suivant :

Garde royale, 8 régiments :

2 régiments de grenadiers à 6 escadrons;
2   de cuirassiers à 6 escadrons;
1   de dragons à 6 escadrons;
1   de chasseurs à 6 escadrons:
1   de lanciers à 6 escadrons;
1   de hussards à 6 escadrons.

Cavalerie, 48 régiments :

2 régiments de carabiniers à 6 escadrons;
10   de cuirassiers à 4 escadrons;

12 régiments de dragons à 6 escadrons ;
18   ---   de chasseurs à 6 escadrons;
6   - -   de hussards à 4 escadrons.

LA RÉPARTITION DE CETTE CAVALERIE AUX ARMÉES fut la suivante :

Dans la guerre d'Espagne de 1823, les corps d'armée comprirent de LA CAVALERIE DIVISIONNAIRE (1 brigade par division d'infanterie) et DE LA CAVALERIE DE CORPS D'ARMÉE (1 division).

LE CORPS EXPÉDITIONNAIRE DE MORÉE (1828-1829), du général Maison, n'eut qu'un *régiment de cavalerie légère*.

IV

Monarchie de Juillet.

LA MONARCHIE DE JUILLET *supprima la Garde royale, rétablit les lanciers et créa successivement les chasseurs d'Afrique et les spahis.*

A LA FIN DU RÈGNE DE LOUIS-PHILIPPE, il y avait *61 régiments de cavalerie à 5 escadrons*, sauf ceux d'Afrique qui avaient 6 escadrons:

Cavalerie de réserve :

2 régiments de carabiniers à 5 escadrons;
10   - -   de cuirassiers à 5 escadrons.

Cavalerie de ligne :

12 régiments de dragons à 5 escadrons;
8   —   de lanciers à 5 escadrons.

Cavalerie légère :

13 régiments de chasseurs à 5 escadrons;
9   -   de hussards à 5 escadrons.

Régiments d'Algérie :

4 régiments de chasseurs d'Afrique à 6 escadrons;
3   -   de spahis à 6 escadrons.

1 escadron de spahis était détaché au Sénégal.

V
Le second Empire.

LA COMPOSITION DE LA CAVALERIE sous Napoléon III fut *sensiblement identique à celle de la Monarchie de Juillet.*

A la veille de la campagne de Crimée, fut créée la GARDE IMPÉRIALE qui comprenait en *1855 (décret du 20 décembre)* :

2 régiments de cuirassiers à 6 escadrons;
1   -   de dragons à 6 escadrons;
1   -   de lanciers à 6 escadrons;
1   -   de chasseurs à 6 escadrons.

En 1850 avait été organisé *le régiment des guides,* et, en 1854, *l'escadron des cent-gardes.*

De nombreux remaniements furent subis par cette arme à raison des nécessités budgétaires. Néanmoins, A LA VEILLE DE 1870, l'armée française comprenait 63 RÉGIMENTS de cavalerie.

GARDE IMPÉRIALE

1 escadron de cent-gardes à 2 compagnies;

1 régiment de guides (6 escadrons);
1   —   de chasseurs (6 escadrons);
1   —   de dragons (6 escadrons);
1   —   de lanciers (6 escadrons);
1   —   de carabiniers (6 escadrons);
1   —   de cuirassiers (6 escadrons).

TROUPES DE LIGNE

12 régiments de chasseurs (6 escadrons);
8   —   de hussards (6 escadrons);
12   —   de dragons (5 escadrons);
8   —   de lanciers (5 escadrons);
10   —   de cuirassiers (5 escadrons).

CAVALERIE D'AFRIQUE

4 régiments de chasseurs d'Afrique (6 escadrons);
3   —   de spahis (6 escadrons).

Malheureusement, *la remonte était très faible* et l'on ne put aligner sur le terrain de la lutte que 32.000 chevaux : à peine 12.000 restaient dans les dépôts.

La répartition de cette cavalerie dans les armées du second Empire fut la suivante :

En Crimée, il n'y eut d'abord qu'une *brigade de cavalerie* portée plus tard *à deux divisions.*

En 1859, *chaque corps d'armée a une division ou une brigade de cavalerie. La Garde a une division* complète à trois brigades (1 de légère, 1 de ligne, 1 de réserve).

En 1870, l'armée française comprit de la cavalerie de corps d'armée, à raison d'une *division* par corps d'armée; la division forte de 2 à 3 brigades de 2 ou 3 régiments. Pour imiter complètement les armées du premier Empire, UNE RÉSERVE DE CAVALERIE *de 2 divisions* composées chacune de la même subdivision d'arme et pourvues de 2 batteries à cheval (légère, du Barail: dragons, de Forton; cuirassiers, de Bonnemain).

L'ARMÉE ALLEMANDE, au contraire, ne comprend que de la CAVALERIE DIVISIONNAIRE (*1 régiment ou exceptionnellement 1 brigade*) et DES DIVISIONS DE CAVALERIE rattachées aux différentes armées (1re armée : 1re et 3e divisions; 2e armée : 5e et 6e divisions, division saxonne, division de la Garde; 3e armée : division Wurtembergeoise-Badoise, 2e et 4e divisions).

VI

La troisième République.

LE 8 AOUT 1871, un décret *supprima les lanciers.*

LA LOI DU 24 JUILLET 1873 fixa l'organisation de l'armée et décida que chacun *des corps d'armée* comprendrait une *brigade de cavalerie à 2 régiments.* Les autres régiments devaient former des divisions indépendantes constituées dès le temps de paix.

LA LOI DU 13 MARS 1875 (cadres et effectifs) fixa le nombre des régiments de cavalerie à organiser dans la métropole et en Algérie. *Le régiment est à 5 escadrons (dont un de dépôt).*

En fait il y eut après la loi 78 RÉGIMENTS :

12 régiments de cuirassiers (*à 5 escadrons*);
25   —   de dragons (*à 5 escadrons*);
12   —   de hussards (*à 5 escadrons*);
20   —   de chasseurs (*à 5 escadrons*);
4   —   de spahis (*à 5 escadrons, sauf le 1ᵉʳ*);
4   —   de chasseurs d'Afrique (*à 6 escadrons*).

Ces régiments sont commandés par un colonel, ont un lieutenant-colonel, deux chefs d'escadrons et un major.

Le 1ᵉʳ régiment de spahis, qui détache un escadron au Sénégal, est à 6 escadrons.

LA LOI DU 25 JUILLET 1887, modifiée le 18 février 1890, porta création de *13 régiments nouveaux*, mais le 14ᵉ cuirassiers et le 32ᵉ dragons étant encore à organiser, la cavalerie française ne comprend actuellement que 89 RÉGIMENTS :

13 régiments de cuirassiers;
31   —   de dragons;
14   —   de hussards;
21   —   de chasseurs;
6   —   de chasseurs d'Afrique;
4   —   de spahis.

Tous les corps de France ont les cadres supérieurs indiqués précédemment. Seuls les régiments de spahis et de chasseurs d'Afrique peuvent être commandés soit par un colonel, soit par un lieutenant-colonel.

La **répartition** de cette cavalerie est la suivante :

EN FRANCE. -- 1° *Dans chaque corps d'armée une brigade de cavalerie de 2 régiments,* sauf :

Le 6° corps qui a 2 brigades légères (6° et 6° bis) ;

Le 7° corps qui a 1 brigade à 3 régiments de légère.

Ces brigades (excepté celles des 4°, 6°, 7°, 14° corps) comprennent 1 régiment de dragons, 1 régiment de légère.

Soit 41 régiments de brigade de corps.

2° *38 régiments endivisionnés dans 8 divisions* de cavalerie constituées à 2 ou 3 brigades de 2 ou 3 régiments. Les dragons des divisions ont la lance.

EN ALGÉRIE. — *4 brigades à 2 ou 3 régiments.*

Tactique de la cavalerie française de 1789 à nos jours.

I

La cavalerie en 1789.

On peut dire que *Frédéric II* et ses généraux *Ziethen* et *Zeydlitz* sont les créateurs de la cavalerie moderne. A la tactique surannée des *feux de rang* et *de la charge au trot et en fourrageurs*, ils substituèrent *la charge au galop et en muraille :* le feu, interdit à cheval, fut rendu à la cavalerie sous une autre forme par l'artillerie à cheval qui se distingua particulièrement à Rosbach. Enfin, le *dispositif de combat* était sur *trois lignes* (cuirassiers, dragons, légère), la 1re ligne renforcée et chaque ligne se débordant mutuellement.

Les règlements de 1766 et de 1788 nous avaient donné, en France, les procédés de Seydlitz.

LE RÈGLEMENT DE 1766 est dû au duc de Choiseul. Il est remarquable par sa simplicité. Il prescrit la *formation en bataille sur deux rangs, la subdivision de l'escadron en deux compagnies;* il supprime les feux de rangs et ordonne la CHARGE AU GALOP. Les capitaines cessent d'être propriétaires de leurs chevaux.

Le règlement de 1788 fut élaboré par le conseil de la guerre créé sur l'initiative de Guibert et était destiné à réorganiser la cavalerie complètement désemparée depuis la chute de Choiseul.

Ce règlement est le premier qui considère :

L'école du cavalier;

L'école de l'escadron;

Les évolutions du régiment ou de plusieurs régiments.

C'était une chose d'autant plus nécessaire que l'instruction à cheval de l'homme et de la troupe était absolument nulle chez nous.

L'escadron comprend 48 files, le surplus de l'effectif forme réserve en arrière.

Les charges contre la cavalerie se font en ordre déployé, les réserves des escadrons réunies en une seule masse ou deux groupes débordant la ligne et tombant sur les flancs.

Les charges contre l'infanterie ont lieu en colonne.

Ce règlement, malgré de nombreuses imperfections, présentait un progrès réel et l'histoire montra d'ailleurs qu'un règlement de manœuvres, même médiocre, permet cependant de faire de grandes choses quand ceux qui l'appliquent sont animés du véritable esprit de la guerre.

II

La Révolution.

Tout d'abord, ce fut, comme pour l'artillerie, un MORCELLEMENT POUSSÉ A L'EXCÈS (1 régiment ou 1 bri-

gade par division mixte), résultat du principe divisionnaire généralisé pour l'armée. La cavalerie alors
exclusivement divisionnaire agit en *liaison intime
avec l'infanterie*, mais, en revanche, le manque de
masses compactes de cavalerie se fait sentir, dans
l'exploration, pour repousser la cavalerie ennemie et
donner de l'air à l'armée ; *dans le combat*, pour agir
sur les ailes ou au point décisif.

Aussi apparaissent dès 1794 et surtout en 1796 LES
DIVISIONS DE CAVALERIE constituant la RÉSERVE DE CAVA-
LERIE DE L'ARMÉE.

CAMPAGNES. — Charge de la cavalerie à la bataille
D'HONDSCHOOTE, sous la conduite de *Houchard* (1793).

La division de cavalerie *Dubois* (*armée du Nord*)
aide par une charge au mouvement offensif de la
division *Championnet*.

Mais *c'est seulement après juin 1794 que la cavalerie française, réorganisée et instruite de son service, pourra remplir le rôle qui lui incombe.*

Après FLEURUS, la cavalerie de *Dubois* est *poussée
en avant* au contact constant de l'ennemi, multipliant
les *reconnaissances* (fortes à cette époque d'environ
150 chevaux).

Il faut citer particulièrement, le *22 février 1795,
la prise extraordinaire de la flotte hollandaise du
Helder* par un escadron du 8ᵉ hussards.

EN 1795, EN ALLEMAGNE, ACTION de la cavalerie
d'Hautpoul sur les ouvrages *d'Uckrath*, qu'elle
tourne ; *exploration* faite par *Kléber* après son arrivée
sur la *Lahn. La retraite sur le Rhin est protégée par*

la cavalerie, d'abord commandée par *Marceau*, puis par *d'Harville*.

En 1796, a l'Armée d'Italie, Stengel reconnait les armées piémontaises et autrichiennes, maintient sa cavalerie à l'avant-garde au contact de l'ennemi et est tué dans la poursuite après *Mondovi;*

A Lodi, la réserve de cavalerie agit sur l'aile gauche et franchit l'Adda à gué;

A Arcole, le capitaine Hercule et ses 25 trompettes décident de la victoire en faisant une diversion derrière l'ennemi;

A Rivoli, *Lasalle* culbute sur le plateau la tête de colonne ennemie;

A Castiglione, *Kilmaine* et la réserve de cavalerie, aidé des cavaleries divisionnaires de *Beaumont* et de *Verdier*, concourt à l'attaque décisive sur le mont Medole.

Dans la campagne d'Egypte, emploi presque exclusif *des carrés* contre les Mameluks; les dragons qui ont conservé le *feu à cheval* l'utilisent avec succès, combiné avec la charge, aux combats de *Salahieh* et de *Thèbes.*

Dans la campagne de 1800, *en Allemagne, Lecourbe* emploie les lignes successives au combat de *Hochstœdt*, où il engage le dernier sa réserve contre la cavalerie autrichienne ;

A Marengo, la division *Monnier*, d'aile droite, ne forme même pas les carrés pour recevoir la cavalerie autrichienne;

La division de cavalerie *Kellermann* tombe sur la

colonne de Zach par le mouvement de pelotons à gauche, tandis que la tête de colonne formée en bataille contient la cavalerie ennemie.

Donc, depuis 1794, la cavalerie n'a plus été seulement une arme aide : avant le combat, elle renseigne le commandement, ce qui donne lieu à des rencontres sérieuses; pendant la lutte, elle agit par le choc ; après la lutte, elle poursuit et renseigne de nouveau.

III

Le premier Empire.

En 1803, au camp de Boulogne, la cavalerie reçoit un nouveau règlement complétant celui de 1788; la formation préparatoire de combat est la formation en colonne, on aborde l'ennemi par la charge en bataille sur deux rangs, les masses de cavalerie utilisant d'une manière constante *l'emploi des lignes successives* soit pour prolonger la 1re ligne, soit pour prendre l'adversaire en flanc ou à dos. C'est là le principe fondamental qui domine toute la tactique de cavalerie du premier Empire.

La cavalerie divisionnaire, jadis d'un emploi exclusif, *n'existe plus*. Il n'y a plus que des *brigades de corps d'armée* et des *divisions entières de cavalerie* constituant une *réserve de cavalerie*.

La puissance de la cavalerie dans le combat est augmentée par *l'artillerie à cheval* et la création des *cuirassiers* (1).

____

(1) Les divisions de cavalerie, plus tard les corps de cavalerie,

En somme, durant le premier Empire, la cavalerie française fut, la plupart du temps, moins nombreuse et moins bien montée que celles des nations ennemies : elle l'emporta toujours sur ses rivales par son audace (*prises de Leipzig, Stettin, Czentoschau, en 1806*), son habitude de s'engager à fond et son adresse à se servir de ses armes.

CAMPAGNE DE 1805. — *Diversion exécutée par Murat* avec la réserve de cavalerie devant la Forêt-Noire; il reste ensuite au pivot de la conversion avec le 6ᵉ corps, à Stuttgard.

La cavalerie, au combat de *Vertingen*, précède la Grande Armée sur la rive droite du Danube.

Murat, après le 15 octobre, exécute la *poursuite de Werneck et de l'archiduc Ferdinand*.

A Austerlitz, la cavalerie de Murat se distingue contre *Lichtenstein* et *la Garde* russe. Après la bataille, pas de poursuite, le contact est perdu.

CAMPAGNE DE 1806. — Napoléon, redoutant la cavalerie prussienne, ne lâcha pas la sienne avant son entrée en Saxe.

A Zehdnick, *Lasalle* n'entama la charge qu'à 10 mètres, avec un succès complet.

---

de la réserve, vont au loin chercher le renseignement, elles font *l'exploration*.

Le rôle de la cavalerie de corps d'armée est de faire l'exploration dans un plus faible rayon et simplement autour du corps d'armée, à une distance telle qu'elle puisse être soutenue par les premières troupes d'infanterie de ce corps. On peut admettre qu'elle *fait le service de sûreté de 1ʳᵉ ligne*. Mais ceci n'a rien d'absolu.

A *Auerstædt*, les divisions de Davout emploient les carrés contre la cavalerie prussienne.

A *Iéna*, Murat intervient à la fin de la bataille et exécute *une poursuite mémorable*.

CAMPAGNE DE 1807. — Tout d'abord ce furent les *avant-postes de cavalerie du général de Colbert* qui éventèrent le mouvement de Bennigsen sur la Basse-Vistule.

A *Eylau*, au moment où le corps d'Augereau, aveuglé par la neige et désorganisé par l'artillerie ennemie, devient la proie des colonnes russes d'infanterie et de cavalerie, *Murat charge avec 80 escadrons* par échelons, l'aile droite en avant, mettant comme à Austerlitz la cavalerie légère en 1re ligne, puis les dragons et les cuirassiers.

A *Friedland*, la cavalerie fut employée d'une manière remarquable par Lannes pour masquer son infériorité numérique. Elle coopère ensuite à l'attaque décisive de Ney. Grouchy, avec la réserve de cavalerie, combine une attaque de front avec une attaque à revers.

GUERRES D'ESPAGNE. — Les lanciers polonais enlèvent le col de *Somo-Sierra*.

En 1814, la cavalerie du général Soult, frère du maréchal, couvre la retraite de l'armée sur Toulouse.

CAMPAGNE DE 1809. — *Le 18 avril 1809, Davout*, marchant de *Ratisbonne* sur *Abensberg* et prêtant le flanc gauche à l'archiduc Charles, s'entoure d'un réseau de cavalerie.

Au combat de nuit d'*Egglofsheim*, le soir d'Ec-

kmühl, les cuirassiers français exterminent les cuirassiers autrichiens qui n'ont la cuirasse que sur la poitrine ; proportion des pertes, 1/10.

A *Essling*, les cuirassiers de Bessières étaient ramenés, lorsque la cavalerie légère de *Lasalle*, intervenant à propos, permit de repousser l'ennemi.

A *Wagram*, les cuirassiers *Arrighi* chargent sur un terrain parsemé de trous de bivouacs et sont ramenés. Au centre, Lasalle et Marulaz chargent pour préparer l'entrée en ligne de la colonne Macdonald qu'accompagnent deux autres divisions de cavalerie.

Reconnaissance remarquable de *Curély* avec 100 cavaliers de la division *de Colbert* (1).

CAMPAGNE DE 1812. — C'est à cette époque qu'apparaissent les corps de cavalerie, critiqués par *Marmont* et *Morand*. Cette cavalerie, très brillante, se fondit dès le début en marches stériles et était extrêmement réduite à la *Moskova*, où elle put seulement être utilisée : attaques sur le plateau et sur la grande redoute.

Dans cette campagne, la cavalerie se gardait très mal, témoins les deux surprises complètes de Murat à *Inkovo* sous Smolensk (8 août) et, deux mois plus tard, à *Vinkovo* sous Moscou.

CAMPAGNE DE 1813. — Au début, pas de cavalerie. A *Lützen*, nous avons à peine 5.000 cavaliers. La

---

(1) Sous l'empire, le service d'exploration est généralement assuré par la cavalerie légère. Pour avoir les renseignements, on utilisait : les reconnaissances d'officiers, les patrouilles de reconnaissance.

cavalerie française commence à perdre les bons principes : elle emploie le feu à cheval. Charges de *Lieberwolkowitz* (Murat).

CAMPAGNE DE 1814. — Destruction du corps de *Pahlen*, le 17 février, à *Mormant*, par les cavaliers de *Kellermann* et *Milhaud*.

CAMPAGNE DE 1815. — Charges de *Ney* à *Waterloo* sur l'artillerie et l'infanterie anglaises.

IV

La cavalerie française de 1815 à 1870.

Depuis le premier Empire, les cavaleries européennes semblent dormir : l'idée cavalière est assoupie, il faudra la campagne de 1870 pour la réveiller.

EN 1829, parut un RÈGLEMENT renouvelé de ceux de 1788 et de 1803, mais avec de nombreuses complications. Ce règlement concernait presque exclusivement la parade. Il fut peu goûté des cavaliers qui avaient fait la guerre avec Napoléon et dont certains donnèrent à ce moment de remarquables instructions (de Brack). Malheureusement, il entra complètement dans nos mœurs.

Il faut ajouter que les CAMPAGNES D'AFRIQUE eurent une INFLUENCE DÉPLORABLE. *L'exploration était inutile* avec un ennemi qui se disperse : les espions seuls sont utilisables. *La cavalerie est reléguée en queue des colonnes*, elle est surchargée pour toute une expédition et *prend l'habitude invétérée des bivouacs*.

Dans le combat, elle n'intervient qu'en fin de lutte : *elle charge en fourrageurs* (sauf à l'Isly).

En somme, au début de 1870, la cavalerie française est dépourvue de tout esprit d'offensive, comme le reste de l'armée : en dehors du champ de bataille, elle ne sert à rien: sur le champ de bataille, elle n'applique que le règlement de parade de 1829. Comme on proclame la toute puissance nouvelle du feu d'infanterie, elle ne sera utilisée que pour des missions de sacrifice.

En 1859, la cavalerie française a été utilisée en certaines circonstances pour constituer des lignes de tirailleurs! Généralement, elle ne sert qu'au combat.

LA GUERRE DE 1866. — Les cavaleries prussienne et autrichienne montrèrent la même torpeur. Pas d'exploration, si l'on excepte l'archiduc Albert et quelques reconnaissances de l'armée prussienne en Bohême.

Il semble que la cavalerie ne reprenne conscience d'elle-même qu'en certaines occasions du combat : telles sont les actions isolées d'une brigade de cavalerie prussienne à *Nachod*, en terrain presque montagneux, des *lanciers de Sicile à Custozza* et des *trois divisions de réserve* autrichiennes à *Sadowa* (1). Ces dernières sauvèrent l'armée de la destruction, mais leur charge prouva qu'il était désormais impossible d'entamer une infanterie non ébranlée.

---

(1) On peut encore citer la poursuite de la cavalerie hanovrienne après sa victoire à Langensalza.

A la suite de cette guerre, le maréchal Niel donna UNE INSTRUCTION SUR L'EMPLOI DE LA CAVALERIE AU COMBAT ET EN EXPLORATION (cette partie était du reste peu développée). Cette instruction resta lettre morte. Elle servira plus tard de base au règlement de 1876 (1).

V

La guerre de 1870.

Au début, la cavalerie est complètement inactive des deux côtés.

Du côté FRANÇAIS, elle ne se signalera que pour des missions de sacrifice : brigade Michel et division de Bonnemain à *Frœschwiller*, 5ᵉ cuirassiers à *Beaumont*, division Margueritte à *Sedan*. La mêlée de cavalerie sur le *plateau d'Yron* ne servit à rien et, après *Coulmiers*, la division Reyau ne sut même pas poursuivre les Bavarois en déroute.

Du côté ALLEMAND, il y a lieu de signaler l'action remarquable de la cavalerie à la bataille de *Rezonville*, la poursuite active de *l'armée de Châlons* par les cavaliers de la IIIᵉ et de la IVᵉ armée, la couverture de l'armée *de siège de Paris* par les divisions de cavalerie soutenues par des détachements mixtes. En somme, la cavalerie allemande, sauf dans les premiers jours de la campagne, remplit ses multiples missions : exploration, service de sûreté de 1ʳᵉ ligne, protection immédiate des colonnes, combat.

---

(1) Pendant la guerre de Sécession, la cavalerie avait cependant joué un rôle important, particulièrement chez les sudistes (raids de Stuart et de Shéridan).

VI

Après 1870.

Aussitôt après la campagne de 1870, paraît un nouveau règlement de manœuvres pour la cavalerie : RÈGLEMENT PROVISOIRE DU 10 AOUT 1871. C'était une reproduction de l'ordonnance de 1829.

Ce règlement ne fut que provisoire et, en 1876, la cavalerie fut enfin dotée d'un RÈGLEMENT approprié à son rôle en campagne.

Toutefois, ce règlement semble restreindre le rôle de la cavalerie sur le champ de bataille.

En même temps était publiée une INSTRUCTION *sur le service de la cavalerie éclairant une armée,* instruction donnant pour l'exploration le dispositif schématique suivant :

Une ligne de patrouilles et de reconnaissances d'officiers ;

Une ligne de réserve de patrouilles ;

Le gros de la division de cavalerie.

Mais cette instruction fut, au cours des inspections de cavalerie annuelles, jugée insuffisante et critiquable sur de nombreux points. Les études poursuivies en se basant sur l'emploi de la cavalerie pendant les guerres de Napoléon amenèrent :

1° D'abord le *décret du 26 octobre 1883 sur le service des armées en campagne* et *l'instruction du 10 juillet 1881* (instruction pratique pour la cavalerie) ;

2° Ensuite *le décret du 28 mai 1895 sur le service*

des *armées en campagne* et *l'instruction pratique du 24 décembre 1896* pour la cavalerie, qui règlent définitivement les missions de la cavalerie.

En même temps, le règlement de 1876 était revisé et complété par le *décret du 31 mai 1882* et finalement par *celui du 12 mai 1899* (règlement sur les exercices de la cavalerie).

Ces quatre derniers règlements (1895, 1896 et 1899) régissent actuellement la cavalerie française.

OUVRAGES A CONSULTER :

La Cavalerie française de 1740 à 1789, par Desbrières.
La Cavalerie française sous la Révolution, par Desbrières.
La Cavalerie française de 1800 à 1815, par Léon de Jaquier.
Tactique de la cavalerie, par Gérôme.
Transformation de l'armée française, par Thoumas.
Organisation de l'armée depuis la Révolution (Imprimerie nationale).

INFANTERIE

Organisation de l'infanterie française de 1789 à 1909.

I

L'infanterie en 1789.

En 1789, l'infanterie française comprenait :

ARMÉE ACTIVE

102 RÉGIMENTS, dont *79 de ligne et 23 étrangers*, A 2 BATAILLONS DE 5 COMPAGNIES (*1 compagnie d'élite*). Le bataillon à 5 compagnies était une innovation du comte de Saint-Germain; pour rehausser le commandement des capitaines, il avait réuni par deux les anciennes compagnies de fusiliers au nombre de 8.

Tous ces régiments avaient des noms spéciaux.

12 BATAILLONS D'INFANTERIE LÉGÈRE, qui, le 1ᵉʳ avril 1791, deviendront *bataillons de chasseurs*.

Ces bataillons, à 4 compagnies, provenaient de la suppression des anciens corps mixtes du maréchal de Saxe : ceux-ci, supprimés, avaient donné naissance à la compagnie d'élite du 2ᵉ bataillon des régiments d'infanterie et du 5ᵉ escadron des régiments de cavalerie (Saint-Germain). Rétablis de 1784 à 1787, sous le nom de légions, les corps mixtes furent dissous une deuxième fois pour former dès lors les 12 bataillons d'infanterie légère et, avec l'adjonction de 6 régiments de dragons, les 12 régiments de chasseurs à cheval.

7 RÉGIMENTS COLONIAUX, dont l'origine remonte à Richelieu.

MAISON DU ROI

1 compagnie de cent Suisses ;
1 régiment de gardes-françaises;
1 régiment de gardes-suisses.

MILICES (réorganisées en 1778).

13 RÉGIMENTS DE GRENADIERS ROYAUX, formés avec les compagnies de grenadiers des bataillons de garnison;

14 RÉGIMENTS PROVINCIAUX;

79 BATAILLONS DE GARNISON, sorte de réserve des 79 régiments de ligne, à 4 compagnies de fusiliers.

II

La Révolution.

ASSEMBLÉE CONSTITUANTE (1789-1ᵉʳ octobre 1791). — La Constituante changea toute l'organisation monarchique.

Les noms des régiments furent supprimés et remplacés par des numéros, les régiments étrangers (1)

---

(1) Les régiments étrangers furent supprimés en 1792, rétablis en 1795.

classés parmi les régiments français et *les bataillons réorganisés à 9 compagnies, dont 1 de grenadiers.*

La maison du Roi est supprimée (1).

LE 25 MARS 1791, l'Assemblée décrétait :

Le maintien d'une armée active de 150.000 hommes;

Le remplacement des milices par la *garde nationale* comprenant tous les hommes valides de 18 à 50 ans;

La création d'une armée auxiliaire de 100.000 VOLONTAIRES formant 169 bataillons;

Le *recrutement était volontaire* (un an pour les volontaires, quatre ans pour l'active); le racolage interdit.

Le 1ᵉʳ avril 1791, les bataillons d'infanterie légère deviennent bataillons de chasseurs : deux nouveaux sont créés.

ASSEMBLÉE LÉGISLATIVE (octobre 1791 - septembre 1792). — *Le 20 avril 1792*, la guerre est déclarée à l'Autriche et à la Prusse : à cette date, la situation de l'armée est des plus critiques.

L'armée active est réduite à 90.000 hommes; avec 80.000 volontaires, on a péniblement organisé 60 bataillons. Les corps irréguliers se multiplient : corps francs, légions mixtes, etc.

Devant ce chaos, la Législative déclare la Patrie en danger et *décrète que la garde nationale devra*

---

(1) Une garde royale est organisée : elle fondit dans la tourmente révolutionnaire.

porter le nombre des bataillons de volontaires à 255 de 800 hommes et verser 50.000 hommes dans l'active.

Le 21 août 1792, le pouvoir exécutif est autorisé à REQUÉRIR LES GARDES NATIONAUX : *le service volontaire avait déjà vécu.* Cette nouvelle levée se fit avec un remarquable désordre et porta particulièrement sur les régions frontières.

Le 20 septembre 1792, la victoire de Valmy, suivie bientôt de celle de Jemmapes (6 novembre) délivra la France du cauchemar de l'invasion.

Mais la situation de l'armée va s'empirant.

L'armée active se réduit de plus en plus : les engagements n'ont plus lieu que pour les bataillons de volontaires où l'on reste un an seulement.

Les bataillons de volontaires sont indisciplinés et provoquent les plaintes des généraux (Chazot, Bournonville). De plus, comme les grades sont à l'élection, les volontaires préfèrent créer de nouvelles unités au lieu de renforcer les anciennes.

C'est ainsi que, le 1er décembre 1792, il y avait des cadres pour 800.000 hommes et l'armée comprenait seulement 400.000 hommes, dont 300.000 volontaires répartis en plus de 500 bataillons.

LA CONVENTION (septembre 1792 - 30 octobre 1795).

Le grand mérite de la Convention fut d'organiser ce chaos et de repousser l'invasion.

Pour combler les vides, elle RÉQUISITIONNE 300.000 gardes nationaux (21 février 1793). A la même date, le PRINCIPE DE L'AMALGAME (réunion des volontaires et de l'armée de ligne) est décrété sur la proposition de *Dubois-Crancé.*

Mais la réquisition fut très mal accueillie : elle produisit à peine 200.000 hommes employés pour la plupart à l'intérieur.

Le comité de salut public (Carnot, Prieur, de la Côte-d'Or; Robert Lindet, Prieur, de la Marne), redoubla d'efforts et, *en août,* la réquisition permanente de tous les français fut décidée : c'est la levée en masse des citoyens de 18 à 25 ans.

Cette levée fut acceptée avec enthousiasme et la Convention eut à sa disposition 1.200.000 hommes.

Restait à organiser ces masses.

Le principe de l'amalgame avait été décidé *le 21 février 1793,* il fut appliqué *en août 1794.* Toute l'infanterie devait être formée en demi-brigades composées chacune d'*un bataillon de ligne* et de *deux bataillons de volontaires.* Les corps francs à pied et les troupes d'infanterie des légions étaient formés en bataillons : deux de ces bataillons réunis à un bataillon de chasseurs formaient *une demi-brigade d'infanterie légère.* Chaque demi-brigade a une *batterie de 6 pièces de 4* servies par une compagnie à pied (1). Le bataillon est a 9 compagnies (*dont 1 de grenadiers*) et 750 hommes. Le nombre des unités ainsi créées varia considérablement pendant la Convention. Il y avait *196 bataillons de ligne* qui formèrent

---

(1) En 1795, la batterie ne comptera plus que 3 pièces.

En 1796, cette artillerie de régiment sera supprimée pour former la réserve d'artillerie de l'armée.

196 demi-brigades de ligne (1793). Fin 1795, on comptait 209 demi-brigades de ligne et 42 demi-brigades légères.

En 1796, les bataillons sont portés à 1.000 hommes et cette réorganisation donne *110 demi-brigades de ligne, 30 légères*.

L'armée a le fusil à silex modèle 1777.

Le Directoire (octobre 1795 - novembre 1799). — En présence de la deuxième coalition, le Directoire vota, *le 7 septembre 1798*, la conscription, qui régularise le système des levées et introduit définitivement le service obligatoire. Tout Français de 21 à 25 ans est astreint au service sans remplacement. Les Chambres votent le contingent annuel.

Néanmoins, l'action du Directoire sur l'armée est aussi mauvaise que celle de la Convention avait été heureuse.

Le désordre et l'indiscipline se mettent dans les rangs, en même temps que tombe l'enthousiasme des anciens volontaires. Dans la deuxième campagne d'Italie, Championnet meurt à Nice de fatigue et de désespoir, tandis que le 3ᵉ régiment de chasseurs à cheval et la 8ᵉ demi-brigade d'infanterie désertent en masse. Masséna lui-même, qui sauvera la France à Zurich, commet d'extraordinaires dilapidations à Rome.

Au moment du retour de Bonaparte d'Egypte, l'armée comptait 443.000 hommes répartis en *110 demi-brigades françaises*, plus 8 demi-brigades ou légions *suisses*, *2 légions polonaises*, 24 *bataillons italiens*, 25 *bataillons bataves*.

III

L'Empire.

En 1803, le Premier Consul rétablit les appellations *de régiment* et de *colonel*.

En 1801, Napoléon établit une compagnie DE VOLTIGEURS par bataillon pour permettre aux hommes de petite taille d'entrer dans les compagnies d'élite : le bataillon est toujours à 9 compagnies.

EN 1805, les *grenadiers* furent réunis sous les ordres d'Oudinot en *une seule division de 8.000 hommes*. A cette époque, il y avait 90 RÉGIMENTS DE LIGNE *à 3 ou 4 bataillons, dont un de dépôt*, 27 LÉGERS *à 3 bataillons*. Les alliés de la France avaient leurs troupes incorporées aux nôtres, de sorte que l'on peut ajouter aux régiments précédents :

26 bataillons italiens;
35   hollandais;
30   bavarois;
15   wurtembergeois;
10   badois.

De plus, 14 bataillons sont aux colonies; LA GARDE IMPÉRIALE COMPRENAIT (décret du 15 avril 1806) :

1er et 2e grenadiers;
Régiment de vélites-grenadiers;
1er et 2e chasseurs;
Régiment de vélites-chasseurs.

EN 1808, l'infanterie subit des transformations radicales, par suite de l'incorporation de contingents plus jeunes et même étrangers.

LE BATAILLON EST A 6 COMPAGNIES (4 de fusiliers, 1 de voltigeurs, 1 de grenadiers), toujours de 800 à 1,000 hommes. L'ARTILLERIE DE RÉGIMENT EST *rétablie à raison de 2 pièces par régiment* (4 pièces en 1811). Il y a 200 RÉGIMENTS (169 français, 4 de marine, 23 étrangers) *à 4 bataillons de guerre de 6 compagnies et 1 bataillon de dépôt de 4 compagnies.*

La diversité des guerres soutenues simultanément aux différents points de l'Europe, l'importance et la variété croissante des levées (étrangers, gardes nationaux, réfractaires) amenèrent la multiplication des bataillons dans les régiments, et même des régiments. Si certains disparurent complètement, d'autres, alimentés par les dépôts, devenaient doubles, triples et luttaient simultanément aux deux extrémités de l'Europe. Il y avait, en Espagne et en Allemagne, des régiments bis, provisoires, de marche, etc. Il existait même un régiment noir à 2 bataillons de 6 compagnies, recruté parmi les noirs, les Arabes, les Turcs, les Dalmates, tant devenaient diverses les ressources du recrutement dans l'empire d'Occident.

EN 1812, l'Empereur, ne voulant pas créer de nouveaux cadres de régiment, s'appliqua à porter les 36 régiments français qui entraient dans la composition des quatre premiers corps, jusqu'à 5 ET 6 BATAILLONS DONT 1 DE DÉPÔT. Le *colonel commandait les trois premiers bataillons, le major les deux autres. L'artillerie régimentaire était dotée de 4 pièces.*

Chaque division de la Grande Armée comprenait ainsi 2 ou 3 régiments français à 5 bataillons et 1 régiment étranger à 2 ou 3 bataillons.

LA GARDE avait une division de vieille garde et deux de jeune garde (45.000 hommes) :

3 régiments de grenadiers;
2   —   de chasseurs;
2   —   de fusiliers;
1   —   de flanqueurs;
1   —   de garde nationale;
6   —   de tirailleurs;
6   —   de voltigeurs.

L'INFANTERIE FRANÇAISE COMPTAIT ALORS :

55 bataillons de la Garde;
745   —   de ligne;
40   —   hors ligne;
115   —   étrangers,

soit 955 bataillons, avec 785.000 hommes.

Il y a lieu de remarquer que déjà, dans ces troupes, figuraient des sortes de réserve appelées à l'activité :

Garde nationale (12 bataillons);
Vétérans;
Compagnies de réserve (130).

LE 13 MARS 1812, la garde nationale fut réorganisée sur les bases suivantes :

Elle était divisée en trois bans :

Le premier était composé des hommes des six dernières classes de la conscription non appelés sous les drapeaux;

Le deuxième, des hommes des classes suivantes, jusqu'à 40 ans d'âge;

L'arrière-ban, des hommes valides de 40 à 60 ans.

Quatre-vingt huit cohortes du premier ban furent appelées à l'activité. *La cohorte* se composait de 8 compagnies, dont 6 de fusiliers, 1 d'artillerie, 1 de dépôt.

EN 1813, l'armée était à reconstituer de toute pièce. La Grande Armée avait perdu 300 bataillons en Russie. Il restait à Napoléon :

En Allemagne, 80 bataillons actifs;

Dans les places au delà du Rhin, 100 bataillons;

En Espagne, 256 bataillons;

En Italie, Illyrie, etc., 150 bataillons;

En France, 350 bataillons, en majeure partie des dépôts et des cohortes.

Immédiatement, l'Empereur se mit à l'œuvre, prit des cadres à l'armée d'Espagne, appela 100.000 conscrits sur les classes de 1809 à 1812, 190.000 conscrits de 1814.

Les cohortes furent groupées par quatre pour former 22 *régiments d'infanterie.* L'artillerie régimentaire leur fut enlevée. On ne la laissa qu'aux régiments revenus de Russie et qui avaient pu la maintenir intacte pendant la retraite.

Des régiments provisoires, *bis, ter,* furent créés à 2 bataillons.

Le nom de demi-brigade fut rétabli pour les conscrits de 1814.

L'infanterie arriva ainsi à se réorganiser, malgré les réfractaires, dont le nombre est évalué à 160.000 au 1er avril 1813. Elle comptait en juin 1813 :

I. — 35 régiments de la Garde ;
132 — de ligne,
à 2, 4, 5, 6 ou 8 bataillons.
4 régiments de marine avec 22 bataillons.
Garde nationale :
12 bataillons sur les Pyrénées;
27 cohortes de 600 hommes;
37 cohortes urbaines de 1.000 hommes.

II. — 21 régiments étrangers à 2, 4, 5 ou 6 bataillons;
17 bataillons étrangers.

III. — Armée italienne :
6 bataillons de la Garde;
12 régiments à 4, 5, 6 ou 8 bataillons;
3 bataillons formant corps.

EN TOUT 1.230 BATAILLONS, DONT 640 ENVIRON AUX ARMÉES DE CAMPAGNE.

En 1814, l'armée fut encore réduite par suite de la défection des troupes allemandes et du licenciement des régiments étrangers considérés comme peu sûrs. Néanmoins, il restait :

129 *régiments de ligne:* } à 2, 3, 4. 5. 6, 7 et
35 *légers,* } 8 bataillons;
38 *régiments de la Garde;*
78 *bataillons de l'armée italienne.*

Un grand nombre de *cohortes de la garde nationale* étaient en formation.

IV

La 1ᵉ Restauration et les Cent-Jours.

L'ORDONNANCE DU 12 MAI 1814 réorganisa l'infanterie sur les bases suivantes :

Garde :

> 1 compagnie de cent Suisses ;
> 1 régiment de grenadiers;
> 1 — de chasseurs;

90 *régiments de ligne;*
15 — *légers;*
4 — *suisses;*
3 — *étrangers.*

LE RÉGIMENT EST A 3 BATAILLONS DE 6 COMPAGNIES.

Ce fut avec ces troupes que Napoléon dut organiser son armée du Nord.

Mais la Garde fut reconstituée ainsi :

4 régiments de grenadiers;
4 — de chasseurs;
8 — de tirailleurs;
8 — de voltigeurs,

ET LES RÉGIMENTS DE LIGNE ET LÉGERS PORTÉS A 4 BATAILLONS.

Il ordonnait en même temps l'organisation de *la garde nationale en 400 bataillons, dont 300 destinés aux places et 100 à entrer dans les armées de campagne.*

Il appela dans les places fortes 30.000 *réformés ou retraités qui formèrent 55 bataillons.*

Enfin les matelots inutilisés furent englobés dans 20 régiments de marine à 2 bataillons.

Tout ce travail était à peine commencé que les alliés déclaraient Napoléon hors la loi et qu'une nouvelle campagne allait s'ouvrir.

V

La 2ᵉ Restauration.

La Restauration, s'inspirant du désir des alliés, s'ingénia à détruire les institutions militaires de l'Empire et composa l'armée de 86 LÉGIONS DÉPARTEMENTALES, comprenant les trois armes : *2 bataillons d'infanterie de ligne*, chacun à 8 compagnies, dont 1 de grenadiers, 1 de voltigeurs; *1 bataillon d'infanterie légère* à 8 compagnies de chasseurs; *1 compagnie de cavalerie; 1 compagnie d'artillerie.* Ces légions, à recrutement régional, rendaient l'instruction impossible. DÈS LA FIN DE 1815, il fallut isoler l'artillerie et la cavalerie et les constituer en régiments.

EN 1820, *les régiments d'infanterie sont rétablis;* il y avait :

60 régiments de ligne à 3 bataillons de 8 compagnies, dont 1 de grenadiers, 1 de voltigeurs;

20 régiments d'infanterie légère à 2 bataillons de 8 compagnies, dont 1 de grenadiers, 1 de voltigeurs;

5 régiments étrangers;

La maison du Roi (2 divisions d'infanterie à 2 brigades de 2 régiments; la 2ᵉ brigade de la 2ᵉ division était composée de régiments suisses).

Nous ne parlons pas des VÉTÉRANS, sorte de compagnies de réserve, qui donnèrent de très mauvais résultats dans la guerre d'Espagne en 1823 et furent supprimés l'année suivante.

En 1824, fut votée *une loi sur le recrutement*, qui portait à huit ans la durée du service et à 60.000 hommes la force du contingent. Les jeunes gens laissés dans leurs foyers constituaient la réserve.

VI

La monarchie de Juillet.

La monarchie de Juillet augmenta encore l'armée et dota le pays d'institutions militaires qui ont subsisté jusqu'à nos jours. L'armée reconstituée comprenait, en 1840, un effectif de paix de 450.000 hommes. Il y avait :

En France :

75 régiments d'infanterie de ligne à 3 bataillons de 7 compagnies (création de 1840). En 1841, toute l'infanterie reçut LE FUSIL A PERCUSSION en remplacement du fusil à pierre;

25 régiments d'infanterie légère à 3 bataillons de 7 compagnies;

10 bataillons de chasseurs d'Orléans à 8 compagnies. Sous l'influence de Bugeaud, ils reçoivent en 1842 la carabine rayée et, en 1845, un règlement spécial;

1 bataillon de voltigeurs corses.

En Algérie :

1 régiment de *zouaves* à 3 bataillons de 9 compagnies (création en 1831) ;

3 bataillons *d'infanterie légère* à 10 compagnies (création en 1831);

2 régiments de *légion étrangère* à 3 bataillons de 8 compagnies;

1 régiment de *tirailleurs*, créé en 1841.

La loi du 22 mars 1831 avait organisé *la garde nationale* dans tout le royaume.

En 1838, fut réorganisée *l'infanterie de marine*.

VII

Second Empire.

Ce fut l'armée organisée par la monarchie de Juillet qui fit toutes les campagnes du second Empire.

En 1848, on revint à la *formation du bataillon à 8 compagnies dont 1 de voltigeurs, 1 de grenadiers.* Les voltigeurs corses étaient affectés à l'arme de la gendarmerie.

En 1852, *les régiments de zouaves sont portés à trois.*

En 1853, *création de dix nouveaux bataillons de chasseurs portés à 10 compagnies.*

En 1854, *les régiments d'infanterie légère sont supprimés* (comme appellation) ; ils prennent la suite des numéros des régiments de ligne.

Deux nouveaux régiments sont créés, ce qui porte le nombre des régiments d'infanterie à 102.

En 1855, création de *deux nouveaux régiments de tirailleurs* algériens. En 1868, SUPPRESSION DES COMPAGNIES D'ÉLITE.

Pour la campagne de 1854-1855, les régiments envoyèrent 2 bataillons à l'armée, le 3ᵉ restant en dépôt. La garde impériale fut créée à la veille du départ pour la Crimée.

Pour la campagne de 1859, les trois bataillons partirent avec 6 compagnies, formant un bataillon de dépôt au moyen des deux compagnies laissées par chaque bataillon.

En 1870, les trois bataillons partent à 6 compagnies, les 6 compagnies laissées formèrent un 4ᵉ bataillon de 4 compagnies et 2 compagnies de dépôt.

À cette date, l'armée française compte comme infanterie :

Troupes de ligne (1) :

102 régiments de ligne;
20 bataillons de chasseurs;
3 régiments de zouaves;
3 bataillons d'infanterie légère;
1 régiment de légion (le 2ᵉ a été supprimé en 1861);
3 régiments de tirailleurs.

----

(1) *La loi du 1ᵉʳ février 1868* avait organisé *la garde nationale mobile*, destinée à servir d'auxiliaire de l'armée active.

Elle comprenait :

Tous les jeunes gens non compris dans le contingent, à raison de leur numéro de tirage, d'exemption, de remplacement.

La durée du service est de 5 ans.

La garde est organisée par départements, en bataillons, compagnies et batteries.

Garde :

3 régiments de grenadiers ;
4 — de voltigeurs ;
1 — de zouaves ;
1 bataillon de chasseurs.

VIII

Seconde République.

La loi des cadres du 13 mars 1875 détermina ainsi la composition de l'infanterie, LE BATAILLON ÉTANT DÉSORMAIS À 4 COMPAGNIES :

France :

144 RÉGIMENTS SUBDIVISIONNAIRES *à 4 bataillons de 4 compagnies et 2 compagnies de dépôt.* EN 1878, on créa un adjudant par compagnie et, en 1881, on monta les capitaines.

EN 1887, le régiment subdivisionnaire est reformé à 3 bataillons de 4 compagnies, un cadre complémentaire de 4º bataillon; en même temps on forme 18 RÉGIMENTS RÉGIONAUX (un par région) à 3 bataillons (bientôt portés à 4 en 1891).

EN 1891, un 145º régiment (nº 163) subdivisionnaire est créé.

EN 1897, on reforme les régiments subdivisionnaires à 4 bataillons.

Cette modification n'est que momentanée et, actuellement, l'infanterie présente les particularités suivantes :

40 régiments à 4 bataillons;

123   —   à 3 bataillons (1).

30 BATAILLONS DE CHASSEURS A 4 COMPAGNIES *plus une de dépôt*. En 1888, le dépôt est supprimé et le bataillon porté à 6 compagnies. Les douze bataillons stationnés dans les 14e et 15e corps peuvent être commandés par des lieutenants-colonels (2).

Algérie :

4 RÉGIMENTS DE ZOUAVES A 4 BATAILLONS et 2 compagnies de dépôt (3). Actuellement les régiments de zouaves ont été portés *à 5 bataillons*, dont un est stationné en France (Paris et Lyon).

Le cadre complémentaire des régiments de zouaves comporte 2 chefs de bataillon, 8 capitaines, 6 lieutenants.

3 RÉGIMENTS DE TIRAILLEURS A 4 BATAILLONS plus 1 compagnie de dépôt.

Le nombre des régiments fut plus tard porté *à 4* et les bataillons dans les régiments *à 6*.

Le régiment de Tunisie (4e) a 8 bataillons.

1 RÉGIMENT DE LÉGION A 4 BATAILLONS de 4 compagnies.

Un décret de *1884* a dédoublé la légion et, *en*

---

(1) Les régiments subdivisionnaires à 3 bataillons ont un *cadre complémentaire* composé de :

7 capitaines, 4 lieutenants et de plus 1 lieutenant-colonel et 1 chef de bataillon. Les régiments subdivisionnaires à 4 bataillons ont 3 capitaines et 1 lieutenant-colonel ou commandant comptant à ce cadre. *Les régiments régionaux n'ont pas de cadre complémentaire et sont à 4 bataillons*.

(2) Un bataillon (le 4e, Amiens) n'a que 4 compagnies.

(3) Ils n'eurent d'abord qu'une compagnie de dépôt.

1891, les régiments ont été portés *à 5 bataillons* plus un dépôt de 2 compagnies.

Actuellement il y a *6 bataillons* à chaque régiment étranger.

3 BATAILLONS D'INFANTERIE LÉGÈRE A NOMBRE DE COMPAGNIES VARIABLE.

En 1889, il y avait 5 bataillons chacun à 6 compagnies par bataillon.

Actuellement, à raison des nouvelles prescriptions édictées par la loi de deux ans, l'effectif est tombé à 5 compagnies.

4 COMPAGNIES DE FUSILIERS DE DISCIPLINE.

Tactique de l'infanterie française de 1789 à nos jours.

I

La tactique en 1789.

A) Ordre mince et ordre profond.

Les succès de Frédéric II durant la guerre de Sept ans avaient fait naître dans toute l'Europe un engouement extraordinaire pour l'organisation et la tactique de l'armée prussienne.

LE RÈGLEMENT FRANÇAIS DE 1776, paru sous l'influence de de Guibert et de Saint-Germain, n'était qu'une reproduction du règlement prussien :

L'ordre de combat était celui de Frédéric II.

Les manœuvres se réduisaient à des marches en bataille et à des mouvements processionnels interminables.

Sa division, devenue classique depuis, comprenait :

Ecole du soldat;
  — — de peloton;
  — — de bataillon;
Evolutions de ligne.

A côté de l'école frédéricienne se forma alors une école française de L'ORDRE PROFOND, ayant à sa tête Mesnil-Durand.

Pour expérimenter les deux méthodes, une véritable armée fut réunie, en 1787, *au camp de Vaussieux*, sous les ordres du *maréchal de Broglie*. Celui-ci, à la suite des manœuvres, se déclara pour l'ordre profond ; mais, au conseil supérieur de la guerre, l'influence de de Guibert prévalut.

LE RÈGLEMENT PROVISOIRE DE 1788 (infanterie et cavalerie) et LE RÈGLEMENT DÉFINITIF DE 1791 donnent raison aux partisans de l'ordre mince ; mais, en raison de la poussée d'opinions, quelques concessions étaient faites à l'ordre profond ou perpendiculaire : COLONNE A DEMI-DISTANCE, COLONNE SERRÉE par division.

Ce règlement inspira notre armée pendant plus de quatre-vingts ans ; mais, dès les guerres de la République, il ne put être pratiquement et entièrement appliqué ; c'était donc sa condamnation.

a) ORDRE MINCE.

Cet ordre, qui caractérise la tactique rigide des armées du xviiiᵉ siècle, date de Gustave Adolphe et fut adopté successivement par les autres armées et par Frédéric II.

DANS CET ORDRE, LE FEU ÉTANT CONSIDÉRÉ COMME LE PLUS PUISSANT MOYEN D'ACTION, il en résultera un ordre mince linéaire.

Les troupes sont réparties sur deux lignes : mais la 1ʳᵉ ligne, composée des meilleures troupes et sans intervalles a le rôle principal. La 2e ligne est simplement destinée à aider, à soutenir la première.

Les armes agissent isolément :

L'artillerie (canons de bataillon et de position) est sur le front et gêne la marche de l'infanterie.

La cavalerie est sur les ailes qu'elle découvre en se portant en avant.

La réserve est presque nulle (quelques escadrons).

L'avant-garde n'existe pas.

Les manœuvres, pour passer de l'ordre de marche à l'ordre oblique, ne comprennent que des marches processionnelles en colonne à distance entière par peloton, ou des marches en bataille en ligne déployée sur trois rangs.

Les feux sont uniquement *des feux de peloton en ligne.*

Contre la cavalerie, usage *des carrés de plusieurs bataillons.*

Néanmoins, Frédéric II, qui usa de l'ordre linéaire, dut uniquement ses succès :

À la supériorité du commandement (cadres permanents de son armée);

À l'excellence de son armement et de son instruction.

b) ORDRE PROFOND OU PERPENDICULAIRE.

Dans cet ordre, LE CHOC EST CONSIDÉRÉ COMME LE PLUS PUISSANT MOYEN D'ACTION, dont le feu n'est qu'un accessoire indispensable. Il en résulte la nécessité d'un effort progressif en profondeur :

Le bataillon se forme :

1° *En ligne déployée sur trois rangs.*

2° EN COLONNE PAR DIVISION : *la division* est de 2 compagnies :

a) *Colonne par division :* à distance de peloton ou à demi-distance (bataillons à 9 compagnies, la 9° est déployée en tirailleurs).

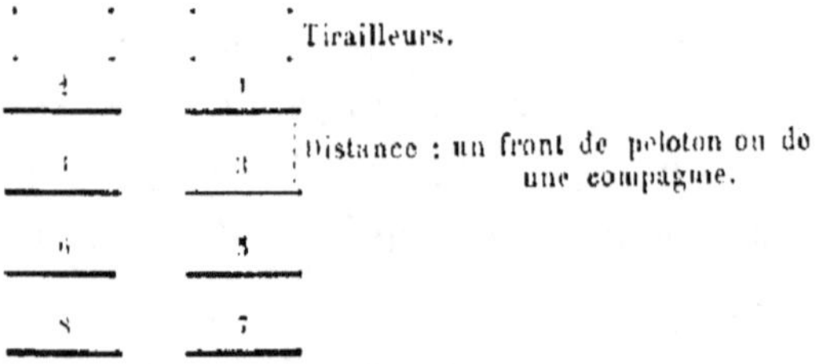

Tirailleurs.

Distance : un front de peloton ou de une compagnie.

b) *Colonne serrée :* la distance entre les divisions est de 6 pas.

c) *Colonne double :* cas particulier des deux formations précédentes. Elle est constituée de 2 demi-bataillons accolés sans intervalle.

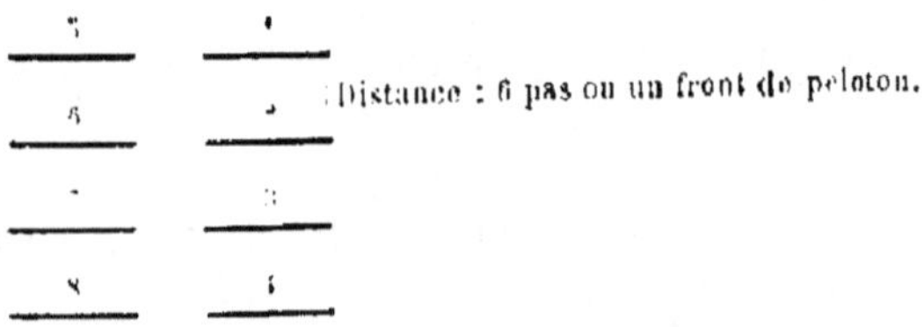

Distance : 6 pas ou un front de peloton.

Les troupes sont également réparties sur deux lignes :

La 1re ligne, qui est chargée de la préparation par le feu, est formée :

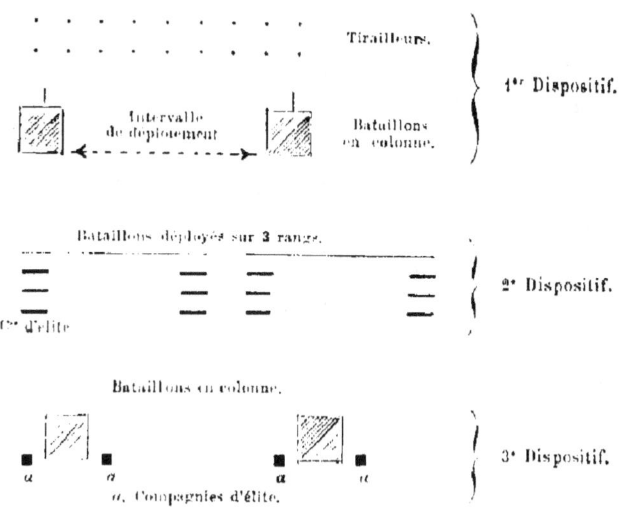

Ou bien de *bataillons en colonne* à intervalles de déploiement détachant en avant les compagnies de grenadiers en bandes de tirailleurs;

Ou bien de *bataillons déployés sur trois rangs* pour exécuter des feux de ligne, appuyés aux ailes par les compagnies d'élite : *dispositif pour feux de ligne*;

Ou enfin de *bataillons en colonne*, appuyés sur les ailes par les compagnies d'élite également en colonne : c'est le dispositif pour l'assaut.

La 2e ligne se compose toujours de bataillons en colonne à intervalle de déploiement. Elle est chargée de donner l'assaut en passant à travers les intervalles de la 1re ligne.

LA RÉSERVE de toutes armes est destinée. la plupart du temps, à donner le choc final par une attaque décisive : *aussi est-elle très forte.*

La combinaison des armes est reconnue nécessaire :

L'artillerie est réunie par grosses batteries;

La cavalerie est répartie dans les intervalles ou aux ailes.

Les *manœuvres* se composent d'évolutions de bataillons ployés en colonne, changeant de direction avec pivot mouvant : innovation importante.

Contre la cavalerie, on utilise LES CARRÉS D'UN SEUL BATAILLON.

LES SEULS FEUX EFFICACES RECONNUS SONT LES FEUX DE TIRAILLEURS.

B) Organisation générale.

En 1788, les troupes d'infanterie étaient embrigadées (52 brigades, dont 2 ne comprenaient qu'un seul régiment). Il y avait en outre 21 divisions ; elles ne comprenaient que des troupes de cavalerie et d'infanterie (1, 2, 3 ou 4 brigades). Mais ce sont de simples circonscriptions administratives, NON DES UNITÉS TACTIQUES.

II

La Révolution.

Les guerres de la Révolution virent, sous la pression des événements, éclore un nouveau système de guerre, *la guerre nationale*, et une nouvelle tactique caractérisée par l'emploi de *la force morale* et du *mouvement*. Elles triomphèrent de l'ancien système des guerres dynastiques et de la tactique linéaire, spécialisée dans la rigidité des formes et la matérialité des moyens.

La guerre nationale, inaugurée par la Révolution, fut enseignée à l'Europe par Napoléon et finit par renverser ce dernier (Saragosse, Moscou, Leipzig).

a) LES VOLONTAIRES, LES TIRAILLEURS.

Les circonstances extraordinaires dans lesquelles se firent les premières campagnes de la Révolution amenèrent un changement radical dans la manière de *conduire les troupes* et de *combattre*.

En tactique, il était difficile de faire exécuter les manœuvres à rang serré du règlement de 1791 aux bataillons de volontaires et corps provisoires envoyés à la frontière sans instruction ni éducation militaires. Aussi enthousiastes qu'indisciplinés, en présence de l'ennemi, *ils rompaient d'eux-mêmes leurs rangs pour courir à l'ennemi* dans une sorte de « fuite en avant ». Il fallait se contenter de donner une *direction initiale* à ces grandes *bandes de tirailleurs*, qui, une fois engagées, échappaient entièrement au commandement. L'artillerie préparait leur entrée en action. En arrière, les bataillons et escadrons de l'ancienne armée, conservant seuls assez de sang-froid, restaient groupés et appliquaient les formations du règlement de 1791 (*régiments d'Auvergne et de Navarre à Cues-mes*) (1).

---

(1) A Fleurus, Jourdan et Lefebvre attaquent avec des lignes de bataillons en colonne serrée.

Emploi considérable des tirailleurs à la Montagne-Noire (Augereau, 1794), à San-Marco (Masséna, 1796).

L'INCONVÉNIENT DES TIRAILLEURS provenait de ce qu'ils échappaient à toute direction, une fois engagés, d'où *impossibilité :*

D'assurer le développement progressif du feu;

De parer à l'imprévu au moyen de la ligne même de tirailleurs;

D'assurer sur la ligne de combat un effort progressivement croissant.

Aussi assistons-nous, sous la Révolution d'abord, plus tard sous l'Empire, à un emploi de plus en plus restreint des tirailleurs.

Notons enfin que les terrains sur lesquels les volontaires eurent à lutter (Argonnes, Vosges) favorisaient parfaitement cette manière de combattre.

b) L'ÉCONOMIE DES FORCES : CARNOT.

EN STRATÉGIE, le bouleversement des anciennes coutumes ne fut pas moindre. On dut renoncer au *système en cordon* avec égale répartition des forces, comme incapable de donner des résultats décisifs et adopter *l'économie des forces sur les théâtres d'opération secondaires* pour agir en masse sur le théâtre d'opération principal.

C'est à ce principe que la France est redevable des succès des campagnes de 1794-1795. Mais on ne doit pas oublier que l'offensive des armées de la République fut rendue possible par :

Le système défensif de Vauban, qui fermait le territoire aux armées ennemies;

La mobilité de nos armées, qui adoptent le cantonnement pour stationner, le ravitaillement par le pays pour subsister;

Le remarquable esprit d'abnégation des volontaires une fois disciplinés.

c) LE PRINCIPE DIVISIONNAIRE.

La création de la division date de l'ancienne monarchie (Saint-Germain, 1776). Mais c'est alors moins une unité tactique qu'une circonscription militaire.

EN 1791, apparaît enfin LA DIVISION MIXTE, véritable petite armée pouvant agir isolément, composée de *2 brigades d'infanterie, plus 1 demi-brigade* non embrigadée, *2 régiments de cavalerie* (ceci ne fut point absolu), *1 compagnie d'artillerie à pied* et *1 compagnie d'artillerie à cheval*. L'effectif normal est de 12.000 à 15.000 hommes, mais peut varier à partir de 5.000 hommes. La division mixte fut l'école des jeunes généraux de la Révolution dans leur rôle de commandant de corps d'armée ou d'armée. Toutefois elle amena, au début, un *décousu* trop fréquent dans la conduite des opérations jusqu'au jour où Carnot, ayant discipliné les troupes comme les généraux de la Révolution, pût assurer sur le théâtre principal d'opérations l'action en masse au détriment des théâtres d'opération secondaires, et *la convergence des efforts vers un but commun*.

En même temps, du reste, L'ENDIVISIONNEMENT MIXTE subissait une RÉACTION, l'expérience des guerres faisant ressortir la nécessité de *fortes réserves de cavalerie et d'artillerie*. Hoche, Jourdan, Moreau, Bonaparte formèrent des divisions de cavalerie ou d'artillerie à cheval et augmentèrent peu à peu la proportion de la réserve d'artillerie. L'artillerie de bataillon, créée pour suppléer l'artillerie à pied auprès de l'infanterie, est, en 1796, réunie en une seule masse formant la réserve de l'armée d'Italie.

Enfin, les effectifs croissant, la DIVISION DEVIENT A SON TOUR INSUFFISANTE comme jadis la brigade, et les généraux de la Révolution prennent peu à peu l'habitude de répartir leurs divisions en *ailes, centre et réserve*, par une réminiscence de l'ordre linéaire (Moreau), jusqu'au jour où Bonaparte crée une unité supérieure. LE CORPS D'ARMÉE (campagne d'Italie, 1800).

III

L'Empire.

a) LE CORPS D'ARMÉE. — L'augmentation d'effectif avait donc amené la création d'une unité plus forte que la division. Napoléon *expérimenta en 1800* la formation du *corps d'armée* qu'il rendit réglementaire *en 1803*.

Tandis que *la division comprenait le plus petit effectif* qui permît l'accord complet des trois armes, dans le *corps d'armée* on chercha à grouper, *sous le même chef, l'effectif le plus fort de troupes des trois armes*, à condition qu'elles puissent se concentrer en un jour sur leur tête de colonne.

Chaque corps d'armée comprenait GÉNÉRALEMENT :

Un état-major;

Deux ou trois divisions d'infanterie avec leur artillerie;

Une brigade ou une division de cavalerie;

Une réserve d'artillerie de corps et des parcs.

L'effectif et la composition furent par la suite extrêmement variables : en 1812 et en 1813, on trouve des corps de 5 divisions constituant de véritables armées.

Avec les corps d'armée, l'armée était plus facile à manier, l'action du chef se faisait mieux sentir.

b) TACTIQUE. — L'ORDRE PROFOND est appliqué (conjointement parfois avec l'ordre linéaire) au mieux des circonstances et du terrain. *Il n'y a point d'ordre de bataille naturel*, a dit Napoléon.

L'infanterie se forme en TIRAILLEURS, mais leur emploi est de plus en plus restreint. D'abord *on déploie les bataillons de 1re ligne* puis seulement *quelques bataillons*. Enfin, en 1808 (le bataillon n'est plus qu'à 6 compagnies), *la ligne de tirailleurs est uniquement formée par les compagnies d'élite*, voltigeurs et grenadiers.

En ligne déployée, la formation sur TROIS RANGS est maintenue. *En 1813*, toutefois, pour dissimuler son infériorité numérique, l'Empereur prescrit la formation sur DEUX RANGS (déjà réclamée par Gouvion-Saint-Cyr) (1).

---

(1) Les Anglais avaient adopté, dès 1808, la formation sur deux rangs. *La formation sur 2 rangs ne fut adoptée en France qu'en 1856.*

Les corps d'armée sont toujours accolés.

Les divisions le sont généralement, à moins qu'on ne les dispose exceptionnellement l'une derrière l'autre devant une position difficile, où un échec est à craindre (à la Moskova, division Morand suivie de la division Gérard).

Les brigades ne le sont que dans la défensive (Austerlitz, brigades Levasseur et Merle). Généralement, elles forment chacune une ligne :

La première, composée de bataillons alternativement déployés et en colonne;

La deuxième, composée de bataillons en colonne serrée ou double manœuvrant en groupes par brigades ou divisions.

On n'exécutait que le *feu de tirailleurs* (1) ou le *feu à commandement* (feux de rang, de 2 rangs, etc., etc.

Emploi constant des carrés d'un bataillon contre la cavalerie (division Caffarelli à Austerlitz; Lutzen; les gardes nationaux de Pacthod, à La Fère-Champenoise).

Cependant, à la longue, les principes posés pour les formations en ordre profond furent oubliés et l'on vit à la fin de l'Empire :

En 1809, à Wagram, l'énorme colonne Macdonald (résultat, dit-on, d'un ordre mal compris) : 8 bataillons déployés les uns derrière les autres à distance de division, flanqués de bataillons en colonne serrée.

____

(1) Les compagnies de voltigeurs et de grenadiers d'Oudinot entretiennent le combat à Friedland, pendant les premières heures de la journée, avec les feux de tirailleurs.

Quelques exemples de formations de l'infanterie sous le premier Empire.

I. — Austerlitz.

Division VANDAMME (corps Soult) :

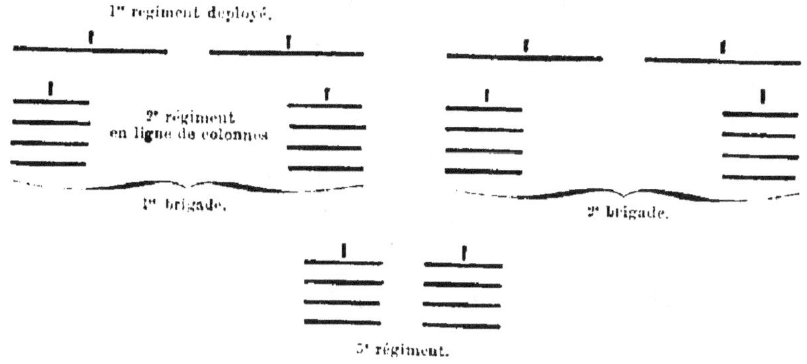

Division SAINT-HILAIRE :

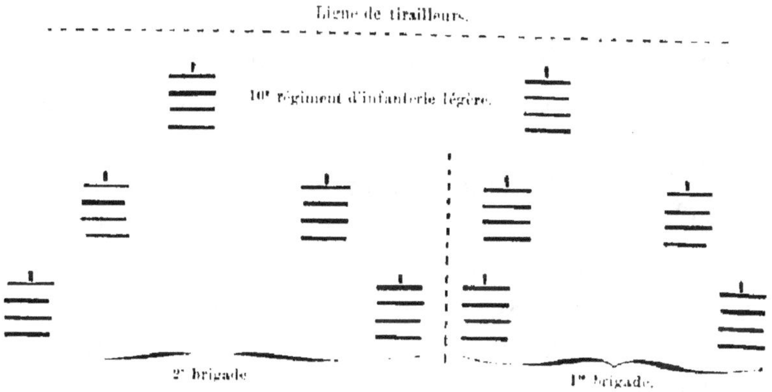

II. — Friedland.

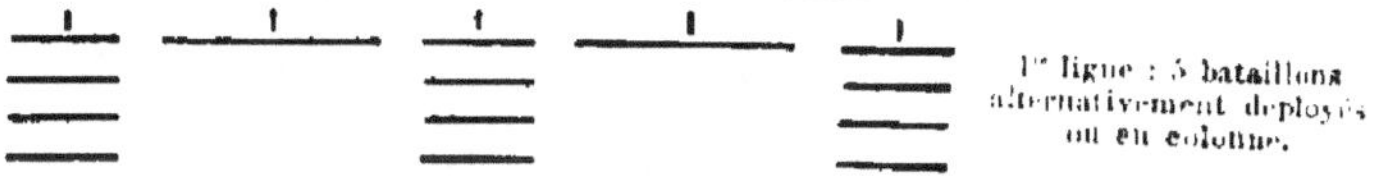

III. — La Moskova.

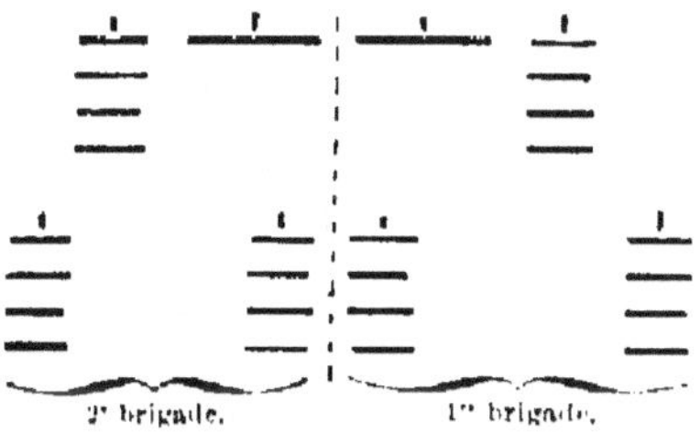

Dispositif des divisions Ney et Davout
à l'attaque des 3 flèches
(brigades accolées et divisions accolées).

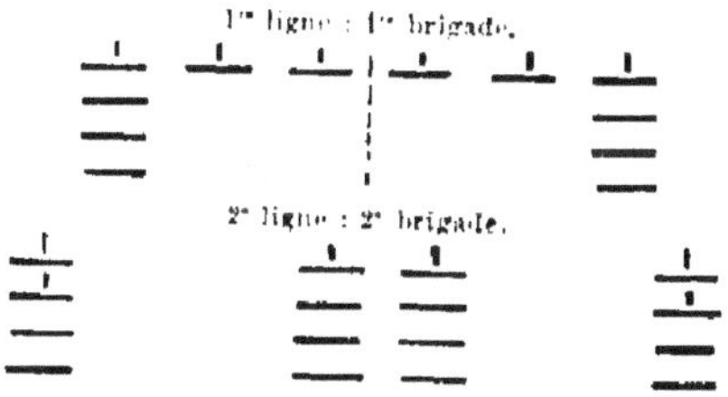

Dispositif des divisions Morand et Gérard
à l'attaque de la Grande-Redoute
(brigades et divisions l'une derrière l'autre

En 1815, à Waterloo, les quatre divisions du corps d'Erlon forment quatre colonnes. Dans chaque colonne les bataillons sont les uns derrière les autres déployés à 5 pas de distance.

Si l'on considère maintenant l'ensemble des combats livrés par Napoléon, on peut dire qu'il dispose de deux éléments de force distincts sur le champ de bataille :

Les troupes chargées du combat de préparation;
Les troupes chargées de l'attaque décisive.

Les premières troupes devaient former *deux lignes* composées chacune d'un certain nombre de corps d'armée, répartis par divisions ou brigades accolées sur deux lignes, ce qui constituait en réalité *quatre lignes.*

Les corps de 1re ligne entamaient et maintenaient le combat.

Les corps de 2e ligne soutenaient les premiers (Austerlitz, Wagram), ou paraient à l'imprévu (corps de Lobau à Waterloo), de façon à laisser la 2e armée toujours intacte.

Les autres troupes étaient constituées *par la Garde* (15.000 hommes en 1805, 90.000 hommes en 1813) et souvent par des divisions de certains corps. Elles formaient *la 3e ligne,* LA RÉSERVE, à la disposition de l'Empereur pour l'attaque décisive.

L'Empereur choisissait un *observatoire* d'où il embrassait tout le théâtre de l'action. *Il donnait le signal de l'attaque décisive préparée par de puissantes batteries.*

Parfois, avant l'action, Napoléon *rassemblait ses corps* et le déploiement de l'armée se faisait ensuite (Austerlitz, Wagram). En tous cas, l'emplacement de chaque corps était soigneusement prévu et son débouché assuré par *l'avant-garde* (Eylau, Friedland).

IV

Période de 1815 à 1870.

a) RÈGLEMENT DE 1831 (1).

Après 1831, une vive réaction se produisit contre les hommes et les institutions de la Révolution et de l'Empire.

Le règlement du 4 mars 1831 n'était qu'une reproduction un peu plus compliquée de celui de 1791, *conservant le troisième rang* (malgré Saint-Cyr, Marmont et Napoléon) et ne donnant que des méthodes d'instruction sans application au combat. La table des matières, contenant 14 pages et de véritables tableaux de commandement, en montre la complication : on pouvait faire manœuvrer 16 bataillons à la voix.

Le seul progrès est la substitution des mouvements par bataillons en masse aux mouvements procession-

---

(1) En 1832 (de 3 mai) parut le *1er règlement sur le service des armées en campagne*; il esquissait en 5 pages seulement le rôle des 3 armes au combat, sous le titre « Instruction sommaire pour les combats ».

En 1845, les chasseurs à pied reçurent un règlement spécial qui, en 1862, fut appliqué à toute l'armée.

nels *en colonne à distance entière* et l'adjonction d'une école de tirailleurs.

Dans l'offensive, la compagnie de voltigeurs du bataillon déployait en tirailleurs ses deux premiers rangs. Son troisième rang se formait en réserve, à 150 pas des tirailleurs, sorte de soutien de ces derniers. A 400 pas de la ligne de tirailleurs étaient les sept autres compagnies en colonne serrée.

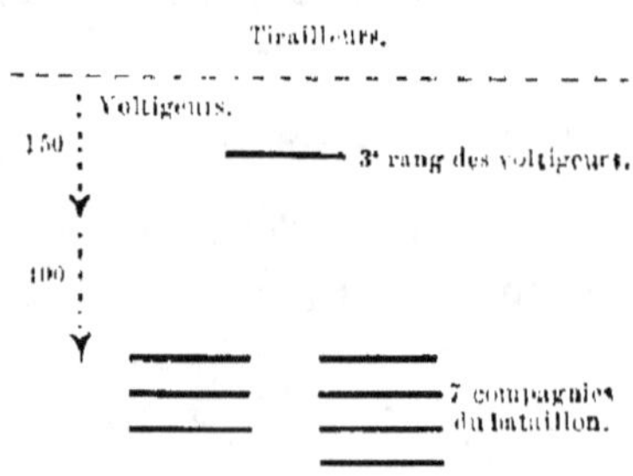

b) Le maréchal Bugeaud.

Les idées du maréchal Bugeaud peuvent se résumer aux suivantes :

En manoeuvres :

Adoption de la formation sur deux rangs;

Adoption de colonnes peu profondes formées de 4 1/2 pelotons et constituant en somme une colonne de compagnie.

Au combat :

Influence prédominante du moral;

Supériorité de l'offensive;

Abandon absolu des colonnes serrées qu'on ne peut déployer en présence de l'ennemi.

Dans l'attaque, importance des échelons, utilité de ne tirer qu'à propos et à courte distance.

Passage des défilés en avant ou en retraite, sans appliquer les formes du règlement. Faire passer par unités constituées, après avoir jeté de l'autre côté des troupes qui assurent le passage ou protègent la retraite.

Emploi des petits carrés (inférieur à un bataillon) contre la cavalerie (1).

c) LE SECOND EMPIRE.

1° GUERRE DE CRIMÉE (1854-1855). — Les guerres d'Afrique avaient aguerri nos troupes, car elles développèrent en elles la tendance déjà naturelle à l'offensive et leur apprirent à manœuvrer en masse selon les carrés et losanges de Bugeaud et à se déployer au combat en tirailleurs.

La marche en losange fut employée de la plage d'Olford à l'Alma, où les divisions d'aile n'eurent qu'à se porter à droite et à gauche pour constituer l'ordre de bataille.

A cette bataille de l'Alma, les bataillons de 1re et de 2e ligne vinrent successivement se fondre en une ligne épaisse de tirailleurs, renouvelant ainsi la tactique des volontaires de la Révolution.

En 1856, adoption de la formation sur deux rangs

---

(1) La formation utilisée en Algérie par Bugeaud consistait en :
Durant la marche, un rectangle allongé ;
Durant le combat, un losange aplati avec la cavalerie et le convoi au centre.

et peu de temps après de la marche par le flanc sur 4, du fusil Minié (1).

2° Guerre d'Italie. — L'absence de prescriptions pour le combat dans le règlement amena naturellement à penser qu'il n'y avait PAS DE RÈGLES DE TACTIQUE A APPLIQUER EN CAMPAGNE.

Le feu n'étant dangereux qu'aux moyennes distances, il suffisait, pour s'y soustraire, de se jeter sur l'ennemi sans préparation. *Cette tactique d'offensive à outrance* nous valut des succès en Italie, en dépit de grosses pertes (Melegnano), et surtout grâce à la valeur du soldat français, à la supériorité de notre artillerie rayée et à l'attitude passive des Autrichiens.

Mais lorsque à leur tour ces derniers, en 1866, voulurent employer la même tactique contre les Prussiens déployés en tirailleurs et armés du fusil Dreyse, ils éprouvèrent des pertes épouvantables, ce qui amena en France une réaction malheureuse contre l'offensive.

Il fallait simplement en conclure que *la tactique des tirailleurs appuyés par des colonnes d'attaque avait fait son temps avec l'apparition des armes rayées.*

3° Règlement du 17 avril 1862. — Ce règlement n'est autre que celui donné en 1845 aux chasseurs à pied, et adopté en 1862 pour toute l'armée. C'est toujours le règlement de 1831 avec les innovations suivantes :

---

(1) Les nouvelles armes l'emportaient par la portée et la justesse sur les modèles précédents.

Formation sur deux rangs ;

Réduction du bataillon à 6 compagnies dont 2 d'élite;

Instruction du tir plus soignée;

Introduction de la colonne de division qui, à raison des effectifs de nos bataillons, correspondait à la colonne de compagnies prussienne.

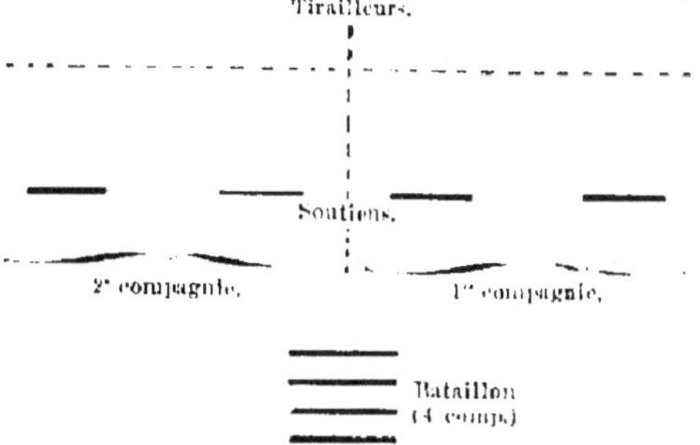

Formation de combat du bataillon encadré dans l'offensive (1862).

RÈGLEMENT DU 16 MARS 1869. — Rédigé sous l'impression des événements de 1866, il est encore la reproduction du précédent, sauf :

École de tirailleurs plus développée : toutes les compagnies du bataillon y sont exercées, ce qui

amena la SUPPRESSION DES COMPAGNIES D'ÉLITE QUI DEVIENNENT COMPAGNIES DE FUSILIERS;

La colonne double et la colonne serrée, reconnues trop vulnérables au combat, y étaient remplacées par la colonne de division.

Malheureusement ce règlement était mal connu en 1870 et l'on n'employa pas la colonne de division.

INSTRUCTION SOMMAIRE POUR LES COMBATS (1867), destinée à compléter le règlement de 1832 sur le service des armées en campagne.

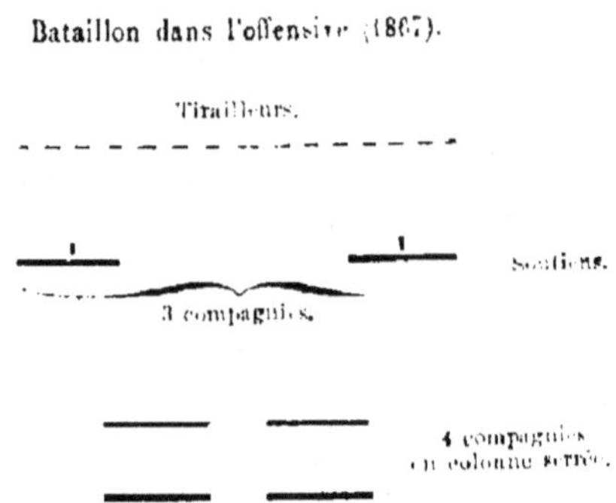

Cette instruction marque un mouvement rétrograde sous l'influence de la campagne de 1866, et de l'adoption du chassepot en France :

Importance des feux de tirailleurs qui ne possèdent qu'un rôle subordonné à la *colonne d'attaque ou colonne serrée*, qu'on trouvait plus facile à ployer et déployer sous le feu de l'ennemi que la colonne de division :

RÉACTION CONTRE L'OFFENSIVE : la supériorité du chassepot étant reconnue sur le dreyse, on recommande l'emploi à outrance *des tranchées-abris*, et

LE FEU A GRANDE DISTANCE, hors d'atteinte du fusil Dreyse.

Ces idées, complètement en contradiction avec notre esprit d'offensive à outrance de 1859, étaient malheureusement répandues en 1870 dans l'armée française. De là résulte pour nous :

L'abandon absolu de l'offensive;

Consommation exagérée de munitions aux grandes distances;

Grosses pertes dans les attaques dues à l'emploi de formations en colonnes.

V

L'infanterie française en 1870.

Sentant qu'une pareille tactique n'était plus en conformité avec les exigences du combat moderne, l'état-major rédigea à Metz, avant les hostilités, des *instructions tactiques renfermant :*

Disposition des corps d'armée sur deux lignes par divisions accolées avec tirailleurs;

Formation de combat du bataillon avec le tiers de son effectif en tirailleurs.

CES DERNIERS SONT CHARGÉS DE L'EXÉCUTION MÊME DU COMBAT.

C'était là une tactique nouvelle, tardivement enseignée à l'infanterie, qui, ne pouvant l'appliquer au combat, se trouva ainsi en état d'infériorité, malgré la supériorité de son armement et les qualités naturelles de ses soldats.

Vers la fin de la guerre de 1870, la bataille de *Coulmiers* marqua une évolution vers le progrès par :

Le retour à l'offensive;

La préparation de l'attaque par des masses d'artillerie;

L'emploi de L'ORDRE DISPERSÉ (deux lignes de 2 bataillons en colonne double à 600 mètres de distance, précédées elles-mêmes à 600 mètres de deux lignes de tirailleurs).

Cet ordre dispersé résume en lui les tendances du combat moderne caractérisé par l'efficacité de plus en plus terrible du feu :

Le but est toujours de *joindre l'adversaire*, car LE CHOC seul est *décisif*.

Mais *le feu* ayant acquis une *puissance considérable* sur le champ de bataille, IL EST NÉCESSAIRE D'ACQUÉRIR LA SUPÉRIORITÉ DU FEU POUR AVANCER.

De là il résulte que LA LIGNE DE TIRAILLEURS ABSORBE A SON PROFIT LE RÔLE DE TOUTES LES AUTRES LIGNES :

Non seulement *elle doit préparer l'attaque* en acquérant la supériorité du feu.

Mais ELLE SEULE PEUT L'EXÉCUTER sous la poussée des fractions en arrière, dont le rôle se réduit à la jeter sur l'ennemi dans un dernier élan.

L'histoire démontre d'ailleurs cette importance croissante de la ligne de tirailleurs, qui absorbe progressivement tous les autres éléments (1854, 1855,

1859, 1866). Les fractions en arrière doivent se disperser pour attaquer, comme la Garde au Bourget :

« *L'attaque est un jeu qui marche.* »

VI

Évolution de la tactique prussienne de 1806 à 1870.

a) RÈGLEMENT DE 1812. — En 1806, au moment de ses défaites, la Prusse en était encore au système de Frédéric II.

Après Tilsitt, une commission, présidée par le prince de Prusse, assisté de Sharnhorst, fut chargée de l'élaboration du *règlement de 1812*, qui appliqua dans son ensemble l'ordre profond à l'armée prussienne :

Ordre en profondeur, ligne de tirailleurs appuyée par des colonnes de bataillon (1);

Formation des lignes par brigades accolées;

Engagement partiel des troupes et maintien de *fortes réserves* pour l'instant décisif.

ADOPTION DE LA COLONNE DE COMPAGNIE. — Le *bataillon prussien* comprenait 4 compagnies de 125 hommes sur le pied de paix et de 250 sur le pied de guerre : la compagnie était à 2 pelotons et 4 sec-

---

(1) La colonne d'attaque était la colonne double serrée ou à distance de front de peloton.

Colonne double (1812)

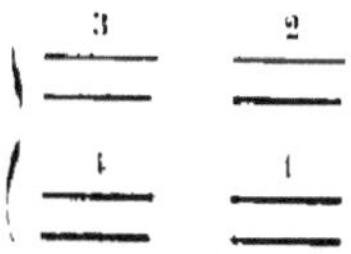

tions. La formation étant toujours sur trois rangs, le troisième rang formait un peloton de tirailleurs par compagnie. On obtenait ainsi, dans le bataillon, une 5ᵉ compagnie, compagnie de tirailleurs, sous le commandement du *capitaine des tirailleurs*.

La difficulté de conduire des bataillons de 1.000 hommes en colonne double ou serrée ayant été reconnue en 1813 et 1814, ON FRACTIONNA EN 1815 LE BATAILLON EN QUATRE COLONNES DE COMPAGNIE : celle-ci n'était pas nouvelle et avait déjà été, en France, proposée par Mesnil-Durand et employée à Rivoli.

En 1825, l'emploi de la colonne de compagnie fut officiellement réglementé: sa supériorité était :

Dans la marche, plus de *souplesse* que les colonnes profondes et *facilité de parer à l'imprévu;*

Au combat, *utilisation du terrain* et souplesse plus grande que la ligne déployée;

Indépendance des unités subordonnées et *initiative des chefs en sous-ordre* rendues possibles.

b) RÈGLEMENT DE 1847. — Il était calqué sur celui de 1812, mais donnait une plus grande indépendance à la compagnie.

Le bataillon au combat déployait deux pelotons de tirailleurs soutenus par deux autres (ces quatre pelotons étaient les hommes du 3ᵉ rang). Le reste du bataillon suivait en colonne double ou en ligne de colonne de compagnie.

La brigade était *l'unité de manœuvre*.

Les bataillons et les brigades, disait le règlement,

doivent se porter à leur place par le chemin le plus court et des mouvements appropriés au terrain.

Il en résultait que *l'infanterie prussienne était la plus souple et la plus manœuvrière* de l'Europe : en outre, ayant le fusil Dreyse depuis 1841, elle était encore supérieure par son armement.

c) GUERRE DE 1866. — *En 1866*, l'infanterie allemande subit une modification profonde : *les bataillons de landwehr cessèrent de faire partie des régiments actifs mobilisés* (1) et furent mis à part.

En 1866, les Autrichiens étaient encore munis d'un fusil se chargeant par la bouche, alors que les Prussiens avaient le fusil à aiguille.

Les Autrichiens, voulant appliquer la tactique des Français en Italie et n'envisageant que le *choc sans préparation suffisante*, attaquèrent en colonnes profondes précédées de tirailleurs. Mais, ou leurs attaques furent décousues (Nachod), ou généralement accueillies avec d'énormes pertes dues à la profondeur des formations (2).

Quant aux *Prussiens*, on remarque chez eux :

L'importance croissante de la ligne de tirailleurs, sur laquelle se concentre toute l'action et où viennent se fondre successivement les bataillons de 1re et

---

(1) Jusque-là, en effet, le régiment comprenait 2 bataillons actifs et un de landwehr. L'organisation de 1860 permettait de former les effectifs de guerre au moyen des réserves seules, et la landwehr ne fut plus employée en 1re ligne aux armées.

(2) Les erreurs des Autrichiens étaient : la négligence du facteur feu, l'emploi de formation profonde, la défectuosité de l'armement.

de 2ᵉ ligne, qui manœuvrent exclusivement en lignes de colonne de compagnie ou en colonne de demi-bataillon ;

L'extension démesurée du front.

Après la guerre, les Prussiens, frappés de l'importance du tir au cours du combat et du mélange désordonné des unités (Sadowa) à la fin de la bataille, se décidèrent à :

Perfectionner l'instruction du tir;

Faire du régiment une véritable unité tactique et accoler les deux régiments sur deux lignes dans le combat de la brigade.

d) GUERRE DE 1870. — L'expérience acquise en 1866 fut consignée dans les instructions de 1869, appliquées aux manœuvres de la même année et qui furent la base du règlement du 3 août 1870, reconnaissant :

La nécessité de la préparation par l'artillerie;

La nécessité d'attaques de flanc ou débordantes;

Alliance du feu et du choc;

Emancipation de la compagnie dans le bataillon qui manœuvre toujours en lignes de colonne de compagnie ou en colonne de demi-bataillon;

Formation de combat sur deux lignes : une avant-ligne, chaîne de tirailleurs et soutiens (2 compagnies dans le bataillon); *ligne principale,* 2 compagnies dans le bataillon (1).

---

(1) Le bataillon se trouvait alors soit en ligne de colonne de compagnie (2 compagnies à côté l'une de l'autre à intervalle variable au combat) soit en colonne de demi-bataillon.

Dans les premiers combats, les Allemands appliquèrent la formation réglementaire de deux lignes de combat constituées avec des colonnes de compagnie et précédées de tirailleurs (accompagnés du soutien). Mais la puissance du feu faisait promptement fondre les deux lignes sur la chaîne de tirailleurs, qui, selon les principes du combat moderne, arrivait naturellement à exécuter seule la lutte et à progresser par bonds sous la poussée des fractions en arrière (*brigade Wedel qui, à Mars-la-Tour, arrive sans réserve, en ligne dense de tirailleurs, à proximité des Français*).

L'expérience de la Garde à Saint-Privat montre qu'il fallait *renoncer même à la colonne de compagnie trop vulnérable.*

Enfin le combat du Bourget vit le *nouveau procédé de combat* (marche par bonds successifs alternant avec le feu, rassemblement derrière les obstacles) reconnu officiellement et appliqué.

VII

L'infanterie française après 1870.

Après la signature de la paix, les résultats de l'expérience de la guerre furent l'objet d'études sérieuses, qui aboutirent au RÈGLEMENT DE 1875. C'est le triomphe de *l'ordre dispersé.* Les principes posés étaient :

1° *Importance prépondérante du feu comme mode d'action;*

2° *Impossibilité* pour une troupe un peu considérable *de se mouvoir et de combattre en ordre serré dans la zone efficace du feu*, soit en ligne, soit en colonne;

3° Par suite, nécessité de *fractionner les troupes en première ligne* et d'adopter pour elles le mode d'action en ordre dispersé;

4° TRANSLATION FORCÉE DU COMBAT SUR LA LIGNE DE TIRAILLEURS, AUTREFOIS CHARGÉE SEULEMENT DE LA PRÉPARATION.

La formation préparatoire de combat est LA COLONNE DE COMPAGNIE (1).

Pour le bataillon, la disposition de combat s'effectuait ainsi :

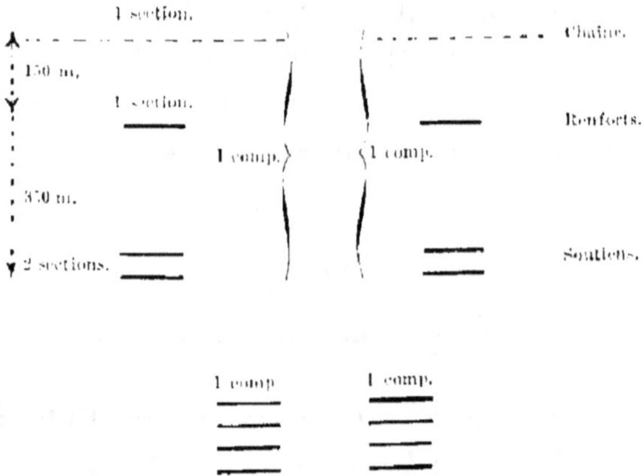

Deux compagnies restaient en *réserve;*
Les deux autres, chargées de la préparation du

---

(1) Le bataillon est à 4 compagnies. La compagnie à 4 sections. 2 sections constituent un peloton.

combat, étaient réparties en trois échelons : *chaîne*, 2 sections; *renforts*, 2 sections; *soutiens*, 4 sections;

Les distances fixées étendaient le bataillon sur une profondeur de 1.000 mètres;

L'assaut était donné avec les deux premières compagnies, les deux compagnies de réserve étant chargées seulement de s'installer sur la position conquise, pour en assurer la possession.

Comme feux employés, il y a lieu de signaler : le feu rapide et *le feu de salve de compagnie*.

Les inconvénients d'un pareil règlement étaient :
Très faible densité de la ligne de feu;
Recherche exagérée de l'utilisation du terrain;
Limitation de l'offensive.

Aussi une commission fut-elle chargée d'étudier les modifications à apporter.

RÈGLEMENT DU 19 JUILLET 1884.

Les renforts sont supprimés, le nombre des échelons réduit à deux, chaîne et soutien. Chacune des deux compagnies, détachées en avant, déployait deux sections en chaîne et en conservait deux en soutien.

La formation préparatoire de combat est *la ligne de colonne de peloton.*

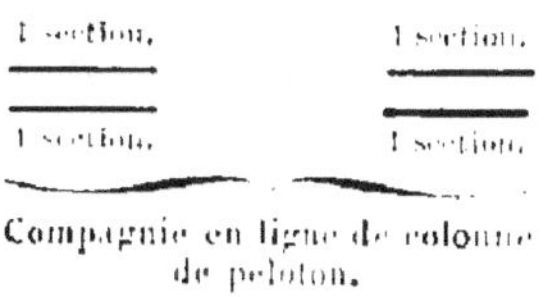

Compagnie en ligne de colonne de peloton.

L'assaut est donné avec tout le bataillon affluant sur la chaîne.

Le feu de salve est restreint à la section.

Ce règlement fut complété par L'INSTRUCTION POUR LE COMBAT (1887).

Rédigée en vue d'accroître l'aptitude au combat offensif, elle augmente la puissance des feux par *la réduction des fronts de combat* et une densité plus grande de la chaîne.

Elle constitue dans toute formation offensive une *troupe de choc, distincte de la troupe de préparation.*

L'instruction est ornée de nombreuses planches et semble vouloir trop réglementer sous forme unique l'allure des combats.

RÈGLEMENT DU 15 AVRIL 1894.

En 1894, nouvelles modifications qui portent sur les points suivants :

En vue de reconnaître les positions ennemies, en vue aussi de protéger l'entrée en ligne des troupes, des *éclaireurs* sont choisis parmi les meilleurs soldats des compagnies.

Suppression du soutien : la compagnie entre en ligne tout entière. La ligne de combat est constituée par une ou plusieurs compagnies : les compagnies restantes sont en réserve.

Le renforcement de cette ligne de combat se fait à l'aide des réserves que le chef de bataillon fait avancer au moment favorable.

Le bataillon marche en colonne double ouverte à distances et intervalles variables. Les compagnies sont en pelotons ou sections marchant par le flanc à des intervalles aussi grands que la zone d'action le permet.

L'assaut est donné par la chaine appuyée et poussée par de *petites colonnes* espacées très maniables, ne se mélangeant pas avec la ligne de combat et pouvant faire face à une contre-attaque dans toutes les directions.

L'armement modifié a amené l'emploi d'un nouveau feu, *le feu à répétition.*

En somme les règlements de manœuvres se modifient au fur et à mesure des perfectionnements de l'armement. Ils doivent tenir compte et de la réduction de la durée du service et de l'expérience des guerres récentes.

De là vient cette succession de modifications depuis 1870. Ces mêmes considérations ont amené l'élaboration du *règlement provisoire de 1902* et finalement du RÈGLEMENT DU 3 DÉCEMBRE 1904. Ce règlement est actuellement entre toutes les mains. Il n'y a pas lieu de l'analyser ici puisqu'il constitue le bréviaire du fantassin.

LIVRES A CONSULTER :

Commandant Gérôme. — *Tactique d'infanterie.*
Lieutenant-colonel Belhomme. — *Histoire de l'infanterie.*
Général Thoumas. — *Les transformations de l'armée française. Organisation de l'armée depuis la Révolution* (Imprimerie nationale).

TABLE DES MATIÈRES

Artillerie.

ORGANISATION DE L'ARTILLERIE FRANÇAISE DE 1789 À 1909.

Pages.

I. — L'artillerie avant la Révolution... 5
II. — La Révolution... 7
III. — L'Empire... 8
IV. — La Restauration... 11
V. — La Monarchie de Juillet... 12
VI. — Second Empire... 13
VII. — Après 1870... 16
VIII. — L'artillerie à tir rapide... 19

TACTIQUE DE L'ARTILLERIE FRANÇAISE DE 1789 À NOS JOURS.

I. — La Révolution... 22
II. — L'Empire... 23
III. — La guerre de 1866... 28
IV. — Plewna... 31
V. — Le canon à tir rapide... 32

Cavalerie.

ORGANISATION DE LA CAVALERIE FRANÇAISE DE 1789 À 1909.

I. — La Révolution... 33
II. — L'Empire... 35
III. — La Restauration... 42
IV. — Monarchie de Juillet... 43
V. — Le second Empire... 44
VI. — La troisième République... 46

TACTIQUE DE LA CAVALERIE FRANÇAISE DE 1789 À NOS JOURS.

I. — La cavalerie en 1789... 49
II. — La Révolution... 50
III. — Le premier Empire... 53
IV. — La cavalerie française de 1815 à 1870... 57
V. — La guerre de 1870... 59
VI. — Après 1870... 60

Infanterie.

ORGANISATION DE L'INFANTERIE FRANÇAISE DE 1789 À 1909.

I. — L'infanterie en 1789 63
II. — La Révolution 64
III. — L'Empire 69
IV. — La première Restauration et les Cent-Jours 74
V. — La deuxième Restauration 75
VI. — La Monarchie de Juillet 76
VII. — Second Empire 77
VIII. — Seconde République 79

TACTIQUE DE L'INFANTERIE FRANÇAISE DE 1789 À NOS JOURS.

I. — La tactique en 1789 82
II. — La Révolution 87
III. — L'Empire 91
IV. — Période de 1815 à 1870 96
V. — L'infanterie française en 1870 102
VI. — Évolution de la tactique prussienne de 1806 à 1870 ... 104
VII. — L'infanterie française après 1870 108

Paris et Limoges. — Impr. milit. H. CHARLES-LAVAUZELLE

Librairie Militaire Henri CHARLES-LAVAUZELLE

PARIS et LIMOGES

La guerre au Maroc, Enseignements tactiques des deux guerres franco-marocaine (1844) et hispano-marocaine (1859-1860), par le commandant MORDACQ, breveté d'état-major. — Vol. in-8° de 204 pages, avec 7 croquis dans le texte et 3 gravures hors texte.................... 3 50
[Ouvrage honoré d'une souscription du ministère de la guerre.]

L'officier dans l'armée nouvelle. Son instruction professionnelle. *Les écoles militaires : Saint-Cyr, Polytechnique. L'unité d'origine. Les écoles d'application. Le brevet des trois armes. L'École de guerre. L'École pratique pour le haut commandement,* par le capitaine JIBÉ, breveté d'état-major.— Volume in 8° de 48 pages.......................... 1 25

Progression de dressage du cheval de troupe par des procédés nouveaux, par le capitaine breveté DESCOINS, (2e édition.) Vol. in 12 de 120 p., orné de nombreuses gravures dans le texte.......................... 2 »

Dressage du cheval d'armes, par le général de BEAUCHESNE. Volume in-8° de 92 pages.......................... 2 50

La cavalerie dans la guerre russo-japonaise et dans l'avenir, par le général PÉDOYA, ancien commandant du 16e corps d'armée. — Volume in-8° de 84 pages....... 1 50

Les réalités du combat. *Défaillances, héroïsmes, paniques.* Conférences pour les officiers, par le général DAUDIGNAC. — Volume in-8° de 156 pages. .... 3 »

Hautes études de guerre. — Haut commandement. — Avancement, par le général ZURLINDEN, ancien Ministre de la guerrre. — Volume in-8° de 144 pages.......... 3 »

Quelques réflexions sur la cavalerie (1904-1905), par le colonel MARETTE DE LAGARENNE, commandant le 1er régiment de chasseurs. — Brochure in-8° de 30 pages..... » 60

Tendances actuelles de la cavalerie allemande, par le capitaine breveté NIESSEL, officier d'ordonnance de M. le général commandant la 14e division d'infanterie. — Volume in-8° de 124 pages, broché.......................... 2 50

La cavalerie russe, son organisation, son caractère, son instruction stratégique et tactique, par le capitaine HART. — Brochure in-8° de 48 pages..................... 1 »

Essai historique sur la tactique de la cavalerie, par le commandant GÉNOME, breveté d'état major. — Volume in-8° 442 pages, 35 croquis.......................... 7 50
[Ouvrage honoré d'une souscription du ministère de la guerre.]

Cavalerie divisionnaire, par un officier de cavalerie. — Brochure in 8° de 48 pages..................... 1 »

Le commandement de l'escadron. — Principes directeurs, par le capitaine L. JUIN, du 15e régiment de dragons. Brochure in-8° de 36 pages..................... 1 »

Librairie Militaire Henri CHARLES-LAVAUZELLE
PARIS et LIMOGES

Patrouilles de cavalerie, par le commandant LEFEBVRE DES NOETTES. — Brochure in-32 de 34 pages .... » 50

Un escadron aux grandes manœuvres : préparation et conduite. — Brochure in-8° de 58 pages............ 1 50

Méthode d'enseignement du service en campagne dans les escadrons, par le lieutenant-colonel V. D'URBAL, du 14e dragons. — Brochure in-8° de 20 pages............ » 50

Quelques formations contre la cavalerie, par le commandant KIVA. — Brochure in-8° de 12 pages, 6 croquis... » 50

La cavalerie moderne doit-elle combattre par le choc ou par le feu ? par le capitaine G. GOSSART. — Brochure in-8° de 66 pages............ 1 25

Des manœuvres de couverture, par le lieutenant-colonel J.-B. DUMAS. Volume in-8° de 330 pages............ 4 »

Exercices de service en campagne pour officiers. *Préparation Critique par le Directeur. Compte rendu par les chefs de parti*, par le général LITZMANN, directeur de l'académie de guerre de Berlin, traduit de l'allemand avec l'autorisation de l'auteur, par A. G. — Volume in-8° de 162 + XVI pages, avec trois croquis et une carte hors texte............ 4 »

Thèmes tactiques à l'usage des candidats à l'École supérieure de guerre, par le capitaine breveté CULMANN, ancien élève de l'École polytechnique, 2e édition, revue et augmentée. — Volume in-8° de 278 pages............ 4 »

Méthode d'enseignement du service en campagne. Instruction des officiers dans le régiment, par le lieutenant-colonel V. D'URBAL, du 14e dragons. — Brochure in-8° de 38 pages............ 1 »

Enseignements tactiques découlant de la guerre russo-japonaise, par le capitaine breveté NIESSEL, officier d'ordonnance de M. le général commandant la 14e division d'infanterie, 2e édition. — Volume in-8° de 186 pages..... 3 »

La Stratégie et la Tactique allemande au début du XXe siècle, étude par le général PIERRON (3e édition, revue et augmentée). Volume in-8° de 580 pages, avec 34 croquis dans le texte............ 7 50

Instruction du 2 novembre 1905 sur le tir de l'infanterie allemande. — Volume in-8° de 184 pages, avec de nombreuses figures dans le texte, broché............ 2 50

Règlement sur le service en campagne de l'armée russe (approuvé le 1er 1904). Traduction annotée par le capitaine d'artillerie breveté CROS. — Volume in-8° de 160 pages, avec 16 croquis dans le texte, broché............ 3 »

Le Catalogue général de la librairie militaire est envoyé gratuitement à toute personne qui en fait la demande à l'éditeur Henri Charles-Lavauzelle.

www.ingramcontent.com/pod-product-compliance
Lightning Source LLC
LaVergne TN
LVHW021852170726
843503LV00003B/1180